ÁNGEL MORA URDA

El Monasterio de Uclés
durante la guerra civil y la posguerra
(1936-1943)

ARQUEOLOGÍA E HISTORIA A TRAVÉS
DE LA EXHUMACIÓN DE LOS RESTOS ÓSEOS
DEL CEMENTERIO DE "LA TAHONA"

editorial

cuarto
centenario

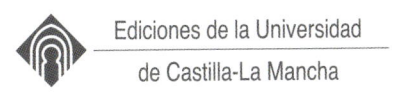

Ediciones de la Universidad
de Castilla-La Mancha

Cuenca, 2024

Colección Coediciones, n.º 177 (UCLM).
Serie Memoria Democrática de Castilla-La Mancha. N.º 10
Director: Francisco Alía Miranda

De la edición © UCLM

De los textos © Ángel Mora Urda

Portada El Monasterio de Uclés y "la Tahona" al final de la exhumación.
Fotografía del Laboratorio de Arqueología Forense de la
Universidad Autónoma de Madrid.

Editan Ediciones de la Universidad de Castilla-La Mancha
Editorial Cuarto Centenario

Maquetación IMP Comunicación

Impresión Editorial Cuarto Centenario

ISBN 978-84-9044-651-5

Depósito legal CU 30-2024

Plan Regional de Estudio sobre Memoria Democrática de Castilla-La Mancha, de la Junta de Comunidades
de Castilla-La Mancha y Universidad de Castilla-La Mancha.

Impreso en España - Printed in Spain

En primer lugar, acordarme de mis padres, sin cuyo apoyo
y esfuerzo no sería quien soy hoy.

En segundo lugar, a Rocío, por confiar en mi más que yo mismo
y dar sentido a todo.

En tercer lugar, agradecer a Ángel Fuentes por su confianza ciega,
apoyo incondicional y, sobre todo, su cariño.

Finalmente, recordar a todas las personas que fallecieron
y fueron asesinadas en el Monasterio de Uclés. Esta obra va
en vuestra Memoria.

Índice

Introducción

Esta obra pretende realizar un acercamiento histórico al Monasterio de Uclés (Cuenca, España) en un período de tiempo muy concreto, durante la guerra civil española (1936-1939) y durante los primeros años de la posguerra (1940-1943). Para ello nos vamos a basar en las fuentes documentales y testimoniales, pero, sobre todo, en la documentación arqueológica obtenida tras el proyecto de exhumación del cementerio de "la Tahona"[1] de Uclés, recinto cementerial adscrito al propio monasterio en ambos periodos históricos. Estas páginas beben de la tesis doctoral del autor enmarcada en dicho proyecto y realizada en calidad de Personal Investigador en Formación (PIF) del Laboratorio de Arqueología Forense de la Universidad Autónoma de Madrid (LafUAM).

El Monasterio de Uclés, conocido a veces coloquialmente como "el Escorial de La Mancha" por su monumentalidad y que nos ayuda a hacernos una idea de su entidad, fue construido por la Orden de Santiago

---

[1] El nombre de "la Tahona" le viene dado de la existencia de una antigua fabrica de pan en el lugar. Durante la cronología que nos ocupa (guerra civil y posguerra) dicha tahona ya no estaba en funcionamiento y apenas quedaban restos materiales, pero el sobrenombre a la zona sí que ha llegado hasta nuestros días.

coronando la cima del cerro desde el que domina toda la comarca. Su construcción comenzó el 7 de mayo de 1529, durante el reinado de Carlos I y finalizó en 1735, bajo el reinado de Felipe V. Se trata de un ejemplo de evolución arquitectónica y artística pudiendo destacar en su estructura elementos de la arquitectura herreriana y plateresca con una fachada principal churrigueresca.

Saltando en el tiempo para centrarnos más específicamente en el momento cronológico que nos interesa para esta investigación, durante la guerra civil española el Monasterio de Uclés fue utilizado como Hospital de Sangre, siguiendo la denominación aportada por la terminología militar. Dicho hospital estuvo adscrito como clínica nº 1 a la Octava agrupación de Hospitales Militares del IV Cuerpo del Ejército Popular de la República. Este hospital recibió soldados heridos de los cercanos frentes de batalla, como Madrid, Jarama (06-27 de febrero de 1937), Guadalajara (ofensivas republicanas contra el Corpo Truppe Volontarie italiano entre el 8 y el 23 de marzo de 1937 y, nuevamente ofensivas republicanas entre marzo y abril de 1938) y la batalla de Teruel (15/12/1937 – 22/02/1938). Así como civiles de las localidades vecinas, en su mayoría afectados de heridas directamente relacionadas con episodios de bombardeos.

Tras el final de la guerra, el edificio del monasterio pasó a ser utilizado como cárcel de partido al servicio de la represión franquista, estando en uso entre 1940 y 1943. El edificio se adecuó para tal uso, creando espacios habilitados como celdas comunales, enfermería o una zona, la Sala 7 cuya funcionalidad era albergar a los presos la noche antes de ser ajusticiados mediante el pelotón de fusilamiento, tal y como nos narra Andrés Iniesta, superviviente del presidio, en su obra *El niño de la prisión*.

Durante ambas fases, tanto hospital como prisión, los fallecidos fueron inhumados en un recinto cercano conocido como "la Tahona". Esta zona se encuentra en la pendiente oeste de la ladera del cerro que corona el Monasterio de Uclés. Esta área se encuentra adosada a la muralla califal que circunda el cerro y recibe el nombre de "la Tahona" por haber albergado una antigua fábrica de pan, la cual ya se encontraba abandonada y sin apenas restos materiales antes incluso de la guerra civil. La elección de la zona no es casual, sino que obedece a una serie de características que la hacían idónea. Por un lado, se encuentra oculta a la visión del pueblo por encontrarse en la ladera opuesta. Este carácter semiculto interesó a los responsables del hospital a fin de garantizar la intimidad necesaria para los enterramientos y, de paso, evitar a la población la visualización de una elevada mortandad en el hospital que podría provocar la desmoralización y el pánico entre los vecinos de Uclés. Por otra parte, durante el funcionamiento del monasterio como cárcel de partido, este espacio de "la Tahona" proporcionaba el carácter íntimo necesario dentro de un proceso de represión masiva ya que se encontraba cerca de la zona elegida para llevar a cabo los fusilamientos y el cerro junto con el propio monasterio ocultaban los ajusticiamientos a la visión del pueblo.

Desde un primer momento, toda la población de Uclés conocía a la perfección la existencia de este recinto de improvisado cementerio dentro de los terrenos de la diócesis que gestiona el monasterio, pero esto no evitó el estado de abandono del sitio llegando a una situación de semiabandono y cubierto por la maleza. Ante esto y junto con la necesidad acuciante de los familiares de los fallecidos ahí inhumados de recuperar a sus seres queridos para otorgarles un entierro digno, será a partir de 2004 cuando dichos familiares se integren constituyéndose como asociación, dando así lugar a la Asociación para la Recuperación de la Memoria Histórica de Cuenca (ARMCu). En este punto será donde, tras iniciar los trámites necesarios se pongan en contacto con el Dr. Ángel Fuentes Domínguez, arqueólogo forense y director del Laboratorio de Arqueología Forense de la Universidad Autónoma de Madrid (LafUAM). Tras unas primeras intervenciones en el antiguo cementerio municipal de Santa Catalina (situado al norte del Monasterio de Uclés y donde fueron a parar algunos de los represaliados), se puso en marcha el Proyecto de Exhumación de "la Tahona" de Uclés.

El proyecto fue llevado a cabo desde 2004, cuando comenzaron las tareas previas de documentación y gestiones burocráticas, hasta 2010 cuando fue cerrado tras la devolución de los restos identificados y la reinhumación individualizada de aquellos que no presentaron una identificación positiva o cuyas familias no habían sido localizadas. Las tareas de campo que constituye esencialmente la excavación arqueológica, fueron desarrolladas en tres campañas durante los veranos de 2005, 2006 y 2007.

La excavación arqueológica fue desarrolla dentro del marco de una de las nuevas disciplinas pertenecientes a la Arqueología, la Arqueología Forense. En los últimos tiempos, la practica forense se ha enriquecido con el aporte de muchas ciencias empleadas como técnicas auxiliares. Algunos ejemplos son la Antropología Física (principalmente con aportes basados en osteología y odontología), la Entomología, Botánica, Geología, Genética y Bioquímica (aportaciones basadas en estudios de ADN mayoritariamente), Reconstrucción Facial y la Arqueología.

Por Arqueología Forense entendemos la aplicación de la metodología arqueológica en la resolución de determinados problemas de la actividad forense, especialmente los relacionados con las exhumaciones de cadáveres enterrados o semienterrados. El arqueólogo forense es el encargado de la recuperación ordenada de los restos humanos y de otras evidencias en los escenarios de un delito. Por lo tanto, siempre que la recuperación de los restos cadavéricos (generalmente ya esqueletizados) u otras evidencias pueda esperar o haya pasado un tiempo razonable, conviene que esta tarea la realicen los arqueólogos forenses, dentro de la planificación general de la investigación encargada a los equipos legalmente constituidos.

La Arqueología Forense además de aplicar la metodología arqueológica en la excavación, aporta a la práctica forense la localización (prospección, en terminología arqueológica), la relación espacio-temporal de las evidencias y la exhaustiva documentación y tratamiento de los resultados. En base a esto, un arqueólogo forense puede estar presente principalmente para cuatro tareas: localizar restos enterrados o escondidos mediante prospecciones; recuperación de restos y artefactos diseminados en superficie; excavar restos humanos enterrados y ordenación y explicación de los datos de esas recuperaciones para su interpretación posterior. Por lo tanto, en contextos como el que nos ocupa, de exhumaciones de restos de individuos de los cuales han pasado más de 80 años, creemos que debe ser mediante esta metodología propia de la Arqueología Forense la manera de proceder a la hora de abordar las tareas de campo de estos proyectos, venidos a llamar de Memoria Histórica y Democrática.

En cuanto a la estructura de este libro, ha quedado dividido en tres partes principales, tres cuerpos con los que se pretende abordar todos los puntos y objetivos previstos además de la propia introducción y conclusiones finales. Con esta división se pretende acercar al lector a las cuestiones históricas y metodológicas del proyecto, así como a los resultados del mismo.

En la primera parte abordamos el *Contexto Histórico*. Se pretende contextualizar todos los hechos ocurridos en el Monasterio de Uclés, tanto en su fase de hospital como de cárcel de partido. Se ha pretendido realizar una síntesis lo más completa posible teniendo en cuenta la información disponible pero también lo más atractiva y clara posible de cara a contextualizar al lector sobre el pasado más reciente de este inmueble durante el periodo que nos ocupa.

Dentro de la historiografía clásica sobre la guerra civil y la posguerra, la provincia de Cuenca generalmente ha pasado de puntillas ya que no fue un escenario de grandes episodios bélicos. Cuenca (y su actual provincia) estuvo controlada hasta el final de la contienda por el gobierno republicano lo que le confirió una especial relevancia como territorio de retaguardia, con todas las posibilidades que eso ofrecía en cuanto a su capacidad para aportar materias primas, milicianos, acoger refugiados de otros territorios, instalación de centros sanitarios (caso que nos ocupa), además de ejercer como un importante nudo de comunicaciones que unía Madrid con Valencia. En los últimos años la tendencia historiográfica a la hora de abordar el conflicto ha variado, dejando atrás ligeramente el estudio de los episodios bélicos para poner más el foco en una compresión más completa de la guerra civil que incluya los aspectos relativos a las zonas de retaguardia y a la población civil.

En esta línea creemos que debe encuadrarse el estudio del Monasterio de Uclés durante su ocupación como hospital de sangre republicano durante la guerra civil. Si bien es cierto que las fuentes a las que se ha podido acceder no han sido todo lo completas que hubiésemos deseado, si que nos permiten llevar a cabo una síntesis bastante certera de la génesis, desarrollo y principales cuestiones relativas a dicho centro sanitario. Cabe puntualizar que, a pesar de que el origen de este proyecto viene de la legitima reclamación de los familiares de las victimas para recuperar los restos de sus seres queridos que fueron represaliados en el monasterio durante la posguerra, también se intentó recabar toda la información posible sobre las personas que fallecieron en el hospital y fueron enterradas en "la Tahona". Por tanto, la ocasión era perfecta también para poner sobre la mesa una historia global del monasterio durante este periodo tan convulso, una historia que incluso hoy en día sigue pasando desapercibida.

En segundo lugar, dentro de esta síntesis histórica, abordaremos el Monasterio de Uclés tras el cambio de función que le sobrevino tras el final de la guerra civil. Una vez finalizada la contienda el monasterio sufre una transformación radical, pasando de ser un hospital (un sitio donde la premisa principal es salvar la vida de las personas) a ser una cárcel de partido al servicio de la represión donde un elevado número de personas falleció a causa de las duras condiciones de vida y de los pelotones de fusilamiento. Para acercarnos al estudio del Monasterio de Uclés como cárcel de partido contamos con la documentación consultada en diferentes archivos nacionales y locales, así como con testimonios directos, como el caso de la inestimable obra de Andrés Iniesta, *El niño de la prisión*, natural del propio Uclés y en la que nos narra su experiencia y la de sus compañeros durante su cautiverio. Andrés fue encarcelado a los 16 años y aún vivía en el momento en que se llevaron a cabo las tareas de exhumación arqueológica de las victimas, por lo que su testimonio trasciende más allá lo escrito en su obra.

Finalmente, esta parte referida al contexto histórico se cierra con un aspecto quizá menos conocido aún de la historia del monasterio. Nos situamos tras el final de la guerra civil y dentro de un contexto internacional marcado por los movimientos poblacionales de refugiados debido la persecución de civiles a nivel europeo y a la II Guerra Mundial. En ese momento el gobierno dictatorial de Franco se plantea, dentro de las acciones para vigilar la frontera pirenaica, la creación (o incorporación de los ya existentes) de una serie de campos de concentración para albergar a los refugiados que lograsen entrar en territorio español. Para ese propósito se crea la "Instrucción C-4 (modificada)" mediante la cual se organizan una serie de visitas a diferentes territorios e inmuebles susceptibles de ser utilizados como campos de concentración para aquellos que logren cruzar los pirineos. Dentro de esas inspecciones se llevó a cabo una al monasterio de Uclés de la cual se conserva la documentación en el Archivo General Militar de Ávila.

La tercera parte, que lleva por título *Exhumación arqueológica del cementerio de "la Tahona" del Monasterio de Uclés*, comprende los aspectos más técnicos relativos al proyecto desde el origen, objetivos, fases, equipo y la metodología empleada, tanto en campo, laboratorio, como a la hora de realizar esta investigación. Se trata de un apartado como decimos más técnico que se ha tratado de sintetizar de cara a ofrecer una versión del mismo más didáctica de cara a exponer aspectos que, en ocasiones, pueden resultar tediosos o menos atractivos para el publico general. Sin embargo, creemos pertinente su inclusión en esta obra de cara a ofrecer al lector una visión lo más completa posible del proyecto, así como poder brindar un pequeño granito de arena en forma de ejemplo, con sus aciertos y déficits, para todos aquellos que puedan estar interesados en poner en práctica proyectos similares.

El cuarto apartado comprende uno de los puntos más interesante, el referido a los *Resultados*. En primer lugar, se desarrolla una exposición de los principales resultados desde un prisma netamente cuantitativo analizando los diferentes sectores que se han detectado en el interior de "la Tahona". Una vez que tenemos claro cómo se configura el cementerio, es decir, qué sectores lo componen y qué tipología de enterramientos albergan cada uno de ellos, es hora de pasar a una interpretación de los resultados puramente histórica y arqueológica. Se trata de un punto muy interesante donde nos acercamos a comprender la historia, evolución, desarrollo y amortización del cementerio de "la Tahona" pero también un estudio sobre la población reclusa poniendo el foco más en aquellos presos que fueron fusilados y quienes fallecieron a raíz de las condiciones del presido.

Este apartado referente a los resultados finaliza con un estudio del material asociado. Como todo proyecto de investigación realizado mediante metodología arqueológica, también dentro de este tipo de excavaciones y exhumaciones de restos óseos asociados a la guerra civil y a la represión durante la misma y en la posguerra, debemos prestar especial atención al material, es decir, los diferentes elementos y objetos que aparecen en el interior de las fosas junto con los restos óseos o en el entorno de las mismas. Además, al tratarse de un cementerio con dos fases tan bien diferenciadas históricamente (hospital y cárcel) este material asociado quedó claro desde un primer momento que podría aportar información útil a la hora de diferenciar las fosas de cada período. Por lo tanto, en esta parte final de los resultados se desarrollan los principales elementos y material asociado que ha sido documentado durante los trabajos de excavación y exhumación llevados a cabo en "la Tahona" de Uclés.

En último lugar, se incluye un breve resumen de las principales *Conclusiones* obtenidas tanto de la excavación arqueológica de "la Tahona" de Uclés, como del estudio posterior.

Para finalizar, aclarar que tanto en esta obra como en la tesis doctoral de la que parte, no se contemplan cuestiones relativas al estudio antropológico y/o patológico de los restos óseos, además de las posibles identificaciones de los mismos para su devolución a los familiares. Esta decisión está basada en la convicción propia de que, al igual que la documentación y excavación es tarea de historiadores y arqueólogos, el estudio antropológico y patológico debe ser realizado por los profesionales adecuados, es decir, antropólogos físicos y patólogos. En esa línea, ya fue realizada una tesis doctoral en medicina basada en el estudio de varios individuos de "la Tahona", realizada por un patólogo, el Dr. Jesús Manuel Peraza Casajús en 2010: "Exhumación de la Tahona de Uclés: Estudio Médico-Quirúrgico de noventa individuos".[2] Junto a esta tesis, también se presentó otra más en la Universidad Autónoma de Madrid, en este caso realizada por un antropólogo físico y miembro del LafUAM, Filippo Scalisi Motta quien, en su tesis "Informe antropológico y paleopatológico completo de los individuos de La Tahona de Uclés. Sugerencias de identificación"[3], aborda profundamente las cuestiones antropológicas e identificativas. |

2   PERAZA CASAJÚS, Jesús Manuel: *Exhumación de la Tahona de Uclés: Estudio Médico-Quirúrgico de noventa individuos*. Tesis doctoral. Madrid, Universidad Autónoma de Madrid, 2010.

3   SCALISI MOTTA, Filippo: *Informe antropológico y paleopatológico completo de los individuos de La Tahona de Uclés. Sugerencias de identificación*. Tesis doctoral. Madrid, Universidad Autónoma de Madrid, 2017.

1. Contexto histórico

El Monasterio de Uclés forma parte de un gran conjunto de edificaciones construidas durante distintos periodos históricos sobre la cima de un cerro a cuyos pies, y por el lado este, se encuentra la localidad de Uclés (Cuenca). El cerro sobre el que se asienta este conjunto monumental tiene una ocupación documentada arqueológicamente desde, al menos, el periodo celtíbero con la presencia de un castro. Durante la ocupación musulmana de la península ibérica fue construida una estructura defensiva con unos imponentes parapetos que aún hoy en día se conservan. Tras ser conquistado por los reinos cristianos el rey Alfonso VIII cedió el castillo en 1174 a la Orden de Santiago quienes lo convirtieron en su casa matriz.[4] Fue a partir de este momento cuando se define la fortaleza, se construye la iglesia y se fueron añadiendo las distintas dependencias en las que residían los miembros de la orden.[5]

4   GARCÍA-CARPINTERO LÓPEZ DE MOTA, Jaime: *La Orden de Santiago a través de la cultura material: los señoríos de La Mancha y Uclés a finales de la Edad Media (siglos XV y principios del XVI)*. Tesis doctoral, Universidad de Castilla-La Mancha, 2021.

5   GARCÍA-CARPINTERO LÓPEZ DE MOTA, Jaime: *La imagen del convento de Uclés de la Orden Militar de Santiago a finales de la Edad Media: espacios entre lo sagrado y lo profano*. Ordens militares, identidade e mundança 2021, 977-996.

Al finalizar el periodo histórico conocido como Reconquista, el conjunto monumental pierde gran parte de su sentido y naturaleza bélica[6] y sufrió una importante remodelación. Esta transformación supuso la eliminación de gran parte de los elementos defensivos del castillo dándole un aspecto más parecido al que presenta hoy en día. Esta remodelación no afectó a las murallas que aún hoy se conservan mostrando su disposición original en forma de dientes de sierra.

La construcción del actual edificio del monasterio comenzó el 7 de mayo de 1529 durante el reinado de Carlos I, cuya corona era administradora de la Orden de Santiago desde 1523. Las obras, bajo un trazado original de Enrique Egas, comenzaron por el ala este la cual presenta un estilo artístico plateresco. La construcción de la iglesia, iniciada durante el último cuarto del siglo XVI, se enmarcó en el estilo herreriano. Durante el siglo XVII las obras continuarían por las alas oeste y sur antes de continuar por el patio y la escalera principal. La obra se dio por finalizada en 1735 cuando se elevó un cuerpo la nave oriental y se terminó la portada principal de estilo churrigueresco. En esos momentos ya nos encontrábamos bajo el reinado de Felipe V.[7]

La desamortización de Mendizábal (por decreto de 9 de marzo de 1836) supuso la disolución de la comunidad santiaguista. Los gobernadores eclesiásticos fueron los encargados de administrar el antiguo priorato desde la muerte del último obispo-prior en 1844 hasta la disolución definitiva de las Ordenes Militares en 1873. La casa-matriz de Uclés se agregó al Obispado de Cuenta el 4 de febrero de 1873 fundándose en su emplazamiento un seminario. Desde 1880 a 1897 el convento de Uclés acogió al Escolasticado de la Compañía de Jesús de Toulouse. En 1902 se estableció en el convento un colegio de Segunda Enseñanza regentado por agustinos que estuvo vigente hasta 1936.[8]

---

6   MOLERO GARCÍA, Jesús Manuel y GALLEGO VALLE, David: "Un campo lleno de cruces rotas. La batalla de Uclés" en *Desperta Ferro*, 35 (2023), pp. 40-46.

7   HORCAJADA GARRIDO, Ángel: *Uclés, capital de un Estado*. Cuenca, edición propia, 1983.

8   PÉREZ RAMIREZ, Dimas: *Uclés, cabeza de la Orden de Santiago*. Tarancón, Seminario Menor, 1990.

1.1 El Monasterio de Uclés como Hospital de Sangre Republicano (1936-1939)

Consultando la extensa y excelsa bibliografía relativa a lo mucho escrito sobre la guerra civil española podemos deducir que la provincia de Cuenca no fue un escenario de grandes batallas como bien pudieron ser las batallas de Brunete, del Ebro, los asedios de la ciudad de Madrid y del Alcázar de Toledo o la batalla de Guadalajara.[9] Esta cuestión ha ocasionado cierto abandono por parte de muchos historiadores que en un principio pusieron su foco en los principales episodios bélicos y aspectos militares de la contienda. Por fortuna, esta tendencia se ha ido modificando en las últimas décadas con la aparición de estudios centrados en aspectos que cuya perspectiva esta más focalizada en las zonas de retaguardia.

La provincia de Cuenca siempre estuvo controlada por el legitimo gobierno republicano hasta el final de la contienda. El amplio territorio que ocupa esta provincia y su posición geográfica le conferían un carácter relevante para el gobierno del Frente Popular ya que Cuenca está atravesada por la carretera Madrid-Valencia y además cuenta con un importante nudo ferroviario en Tarancón (muy próximo a Uclés). Ambos elementos funcionaron como eje de comunicaciones, movimiento de tropas y traslado de material tanto civil como bélico.[10]

Por lo tanto, poniendo el foco en Uclés esta localidad se encuentra en un punto muy importante para el bando gubernamental, el eje que une la capital del Estado con el levante español, siendo en los momentos finales de la guerra la carretera Madrid-Valencia la única comunicación con mar que tenía Madrid.[11]

---

9   BEEVOR, Antony: *La guerra civil española*. Barcelona, Crítica, 2009.

10 PRESTON, Paul: *La guerra civil española. Reacción, evolución y venganza*. Barcelona, Penguin Random House, 2006.

11 LÓPEZ VILLAVERDE, Ángel Luis: *La II República en Cuenca*. Tesis doctoral, Universidad de Castilla-La Mancha, 1994.

Tras el estallido de la guerra civil se hizo patente para el gobierno republicano la necesidad de crear todo un corpus sanitario formado por una red de hospitales (tanto los ya existentes como de nueva creación) establecidos en diferentes ubicaciones estratégicas, pero siempre dentro de zonas controladas de retaguardia. Será a esta red sanitaria de nuevos hospitales creados expresamente por la necesidad bélica a la que se decide incorporar el Monasterio de Uclés.

La gran mayoría de los religiosos que habitaban en el Monasterio de Uclés habían huido en las primeras semanas tras el golpe de Estado. Algunos de ellos fueron detenidos y fusilados en la vecina localidad de Belinchón, a los cuales se les conoce como los Beatos Mártires agustinos de Uclés.[12] Finalmente, los últimos residentes del monasterio fueron desalojados. En cuanto al edificio, se realizaron las obras y tareas necesarias para acondicionar, higienizar y abastecerlo de todo lo pertinente para la creación del futuro hospital. Una de las labores más importantes llevadas a cabo en este momento fue la obra realizada para suministrar de agua corriente al edificio.

El abastecimiento de agua es algo de vital importancia para un hospital, pero el monasterio no contaba con un sistema de canalización. Debido a esto, fue necesario acometer las obras pertinentes para garantizar el suministro de agua corriente en el edificio antes de poner en marcha el hospital.

Entre las razones de peso determinantes que jugaron a favor del Monasterio de Uclés para su inclusión en la red de sanidad militar republicana se encuentran, en primer lugar, su ubicación en una zona de retaguardia controlada por el gobierno y bien comunicada y, en segundo lugar, las propias características y posibilidades que ofrecía el edificio. Otro ejemplo destacado de zona de retaguardia, alejada de los principales frentes y donde se decidió establecer un buen número de hospitales, fue la actual Comunidad Valenciana.[13]

---

12 Se pueden consultar los Beatos Mártires Agustinos de Uclés, en la web de la Diócesis de Cuenca: https://www.diocesisdecuenca.es/beatos-martires-agustinos-de-ucles/

13 GARCÍA FERRANDIS, Xavier: "La asistencia sanitaria en la provincia de Valencia durante la guerra civil española (1936-1939)", en *Revista de la Sociedad Española de Historia de las Ciencias y de las Técnicas*, 34 (73), (2011) pp. 13-38.

El conflicto bélico y sus principales campañas militares eclipsa todo pero la sanidad no es ajena, sino más bien vital dentro de lo que se ha venido a llamar como esfuerzo bélico. Por lo tanto, los hospitales pasaron a tener prioridad militar y se crearon centros nuevos conocidos como Hospitales de Sangre.[14] Esta será la denominación del centro hospitalario que fue instalado en el Monasterio de Uclés.

Tras el final de la guerra el nuevo régimen dictatorial decidió un cambio de uso para el edificio, pasando a convertirse en cárcel de partido entre 1940 y 1943, dentro del contexto del sistema de represión llevado a cabo durante los primeros años de la dictadura franquista.

Volviendo al uso primigenio del Monasterio de Uclés durante la guerra civil, los hospitales de sangre eran centros sanitarios donde eran atendidos y pasaban su convalecencia los enfermos y heridos provenientes de los distintos frentes de guerra. De cara a la planificación y elección de su ubicación más optima se intentaba situar estos hospitales en puntos más o menos próximos a las líneas de combate, pero siempre dentro de la zona de retaguardia para salvaguardar su integridad. El Monasterio de Uclés ofrecía unas posibilidades perfectas para albergar un centro sanitario de dichas características, recibiendo, por lo tanto, heridos procedentes de los frentes próximos, en especial de Teruel,[15] Guadalajara, Madrid y Jarama, así como civiles de Uclés y las localidades vecinas.

La sanidad militar

A la hora de planificar, dotar y gestionar los medios necesarios dentro del organigrama militar es de vital importancia, al nivel de contar con una buena estrategia militar, tener previsto una rápida evacuación y la atención de los heridos en combate. Esencialmente podemos distinguir tres líneas dentro del servicio sanitario en el contexto de un conflicto armado. En primer lugar, en el frente de batalla se establecen los puestos

---

14 ALBIR HERRERO, Cristina y MEZQUIDA FERNÁNDEZ, Miguel: "El hospital de sangre de los Corrales de los Garcías, El Collado (Alpuente)", en *La Linde, Revista digital de arqueología profesional*, 2, (2014), pp. 45-59.

15 GARCÍA FERRANDIS, Xavier: "La asistencia sanitaria en el frente de Teruel durante la primera campaña republicana (agosto de 1936-febrero de 1937)", en *Sanidad Militar*, 66 (4), (2010), pp. 245-249.

de socorro que son los encargados de retirar a los heridos de la batalla. A una distancia prudencial del frente nos encontramos con la segunda línea constituido por los medios de transporte cuya función es evacuar a los heridos por tierra, mar o incluso aire. Esta evacuación se realiza hasta la tercera línea, la configurada por los hospitales de campaña en la retaguarda, que bien pueden ser fijos, preexistentes, móviles o temporales según condiciones y características del momento y el lugar.[16]

En este punto haremos un brevísimo acercamiento histórico por la creación, gestión y legislación principal de los hospitales utilizados en el contexto de un conflicto armado con el fin de acercarnos y comprender desde sus antecedentes la sanidad militar durante la Guerra Civil española y, más concretamente, el caso del Hospital de Sangre del Monasterio de Uclés. Para un conocimiento más amplio acerca de la sanidad militar española durante su historia nos remitimos a la bibliografía citada en las siguientes líneas con especial atención a la magnífica obra en de J.M. Massons *Historia de la sanidad militar española*.[17]

Las fuentes, tanto arqueológicas como documentales, ya nos hablan de cómo las legiones romanas tenían determinado un sistema de hospitales de retaguardia establecido a base de tiendas donde asistían a los heridos tras el combate. Esta estructura inicial pasaría posteriormente a estar formada por hospitales fijos situados junto a las guarniciones de frontera, llamados *valetudinaria* y dotados de todo tipo de material, provisiones y medicamentos.

Saltando cronológicamente a la Edad Media, en el contexto de las Cruzadas serán las Órdenes Militares Hospitalarias, como las de San Juan o San Lázaro, quienes adquieran protagonismo. Serán estas órdenes las encargadas de promover las "casas de Dios", es decir, hospitales a su manera de proceder donde eran atendidos no solo los caballeros

---

16 CAMPOS DÍEZ, María Soledad: "Hospitales de campaña: Marruecos 1909", en ALÍA MIRANDA, Francisco: *La guerra de Marruecos y la España de su tiempo (1909-1927)*, Ciudad Real, Sociedad Don Quijote de Conmemoraciones Culturales de Castilla-La Mancha, 2009.

17 MASSONS ESPLUGUES, Josep María: *Historia de la Sanidad Militar Española*, Barcelona, Ediciones Pomeres-Corredor, 1994.

heridos en combate sino también peregrinos y enfermos civiles. Como referencia de estos centros cabe citar el archiconocido Hospital de Jerusalén, fundado por la Orden de San Juan en 1119 y aprobado por el Papa. Dentro de nuestra historia peninsular, este sistema de fundaciones fue promovido en torno al Camino de Santiago y en los territorios fronterizos con zonas controladas por el Imperio Islámico, donde las ordenes castellanas y aragonesas establecieron estos centros como los casos del hospital creado en Toledo en 1175 por la Orden de Santiago o en el castillo de Guadalherza en 1185 bajo la Orden de Calatrava.[18]

Sin embargo, estos centros asistenciales se alejan del concepto de hospital de campaña. Será durante el reinado de Isabel I, a finales del S. XV, cuando aparezca el primer servicio sanitario de campaña. Fue durante la campaña de Toro contra la Beltraneja cuando se estableció un conjunto formado por seis espaciosas tiendas con médicos, boticarios y cirujanos. Posteriormente estos servicios sanitarios de campaña se irán consolidando por toda Europa y América durante los siglos XVI y XVII determinados por su carácter itinerante, instalándose provisionalmente allí donde fueran precisos sus servicios.[19] Será ya en el siglo XVIII cuando a estos centros sanitarios de campaña se le dé una nueva figura dentro del corpus sanitario del ejército, el hospital militar fijo, en base a la Ordenanza de 1704 dictada por Felipe V. Así, el primer centro fue establecido en Ceuta y seguido de otras plazas africanas como Melilla, el Peñón y Alhucemas extendiéndose posteriormente a toda la península.[20]

Sin embargo, aún deberíamos esperar un siglo para presenciar el salto de calidad de la sanidad militar española que se dará en un contexto protagonizado por el desmantelamiento del imperio indiano, las guerras carlistas y la inestabilidad económica y política. En esta línea, el 30 de enero de 1836 se creó mediante Real Orden, el Cuerpo de Sanidad

18 MASSONS ESPLUGUES, Josep María: Historia de la Sanidad…, ob. cit., pp. 34.

19 CAMPOS DÍEZ, María Soledad: "Hospitales de campaña…, ob. cit., pp. 88.

20 SÁNCHEZ MADRID, Víctor: *El servicio de farmacia en hospitales militares españoles.* Tesis doctoral, Madrid, Universidad Complutense de Madrid, 1995.

Militar, hito importante mediante el cual los facultativos pasaban a formar parte de la organización y la disciplina militar. Otros dos hechos fundamentales ocurridos durante el inestable siglo XIX serán, en primer lugar, la aparición de la Cruz Roja Internacional (cuya primera sede en España estuvo en Madrid) la cual se incorporó al sistema asistencial tanto en primera línea como en retaguardia. En segundo lugar, se desarrolló el principal reglamento sobre el servicio militar el 1 de julio de 1896 bajo la el título de *Reglamento para el servicio sanitario de campaña* el cual contemplaba la asistencia a las tropas, la organización de la estructura de la sanidad militar y del material, tanto médico como instrumental necesario para las instalaciones itinerantes y fijas.[21]

Con todo este bagaje España se enfrentó a la Guerra de Marruecos (1909-1927) en el que será un conflicto relevante para el devenir del país. Junto con las causas, desarrollo y consecuencias propias y directas, cabe contemplar el conflicto colonial norteafricano en clave directa para la posterior guerra civil ya que en dicha confrontación se forjaron tácticas, acciones militares y sanitarias, así como experiencia militar a nivel personal y de ejército que tuvieron un papel relevante en el desarrollo y desenlace del conflicto.

Al finalizar la guerra en el norte de África, y centrándonos en el aspecto sanitario que nos ocupa, el ejército español había sacado varias conclusiones y adquirido hábitos y enseñanzas que había puesto en práctica, siendo gran número de ellas repetidas o reutilizadas durante la posterior guerra civil. En primer lugar, se aumentó el número de hospitales militares tanto en plazas fuertes africanas, como Melilla, así como en el litoral andaluz (Cádiz o Málaga). Una segunda novedad, que apareció por primera vez durante la campaña del Rift de 1909, fue la utilización del "tren sanitario improvisado" tal y como aparece citado en la Real Orden de 4 de enero de 1909, el cual realizó trece viajes evacuando 285 heridos y 1.717 enfermos, haciendo un recorrido total de 6.199 km.[22] Durante la posterior guerra civil española el uso de trenes

---

21 CAMPOS DÍEZ, María Soledad: "Hospitales de campaña…, ob. cit., pp. 98.

22 *Ibidem.*, pp. 105.

para el transporte de heridos desde el frente hasta los distintos centros sanitarios fue un servicio que funcionó con relativa frecuencia, siendo una de las vías mediante la cual fueron trasladados muchos heridos y enfermos hasta el Hospital de Sangre del Monasterio de Uclés debido a su cercanía con la estación de ferrocarril de Tarancón.

En resumen, podemos resaltar que el desarrollo de los reglamentos anteriormente citados, la inclusión de elementos como la Cruz Roja y las Autoridades Militares dentro del corpus sanitario militar y la experiencia directa de la Guerra de Marruecos, así como la indirecta de la I Guerra Mundial (1914-1919) supusieron un salto en la sanidad militar española tanto a niveles cuantitativos como cualitativos, cuyo eco se verá directamente reflejado en la guerra civil.

Sanidad militar durante la guerra civil

Una vez visto de manera sucinta un acercamiento sobre los antecedentes de la sanidad militar en España, es hora de entrar más en profundidad en el periodo cronológico que nos ocupa, la guerra civil. En este punto se analizarán las principales estructuras sanitarias militares pertenecientes al ejército republicano. La elección del bando no es baladí, respondiendo a razones puramente metodológicas ya que el hospital de sangre instalado en Uclés, objeto de esta investigación, fue creado y estuvo durante toda la Guerra Civil bajo jurisdicción del gobierno de la II República. Así mismo, tras ese preliminar análisis de las estructuras sanitarias militares, las siguientes líneas se centrarán en lo referido exclusivamente al Ejercito del Centro y más concretamente al IV Cuerpo, por ser al que pertenecía Uclés (clínica nº 1 de la Octava Agrupación de Hospitales Militares).

Los servicios sanitarios de vanguardia estaban formados por una compleja red que permitía la primera evaluación, tratamiento preliminar y la rápida evacuación de los heridos. Esta red comenzaba ya desde el mismo frente de batalla, donde se encontraban los grupos coordinados de camilleros y enfermeras, encargados de trasladar a los heridos al Puesto Sanitario del Batallón, el cual contaba ya con personal médico encargado de realizar el primer diagnóstico.[23] Este primer nivel en la línea de combate estaba compuesto principalmente por una dotación de camilleros adscritos al batallón, que contaban con una "mochila de batallón" con material de curas básico, así como el paquete de cura individual que cada soldado debía llevar como parte de su equipo personal. La máxima autoridad al mando de este primer nivel sanitario era el médico del batallón encargado de realizar las primeras curas, además de asumir la responsabilidad de clasificar y distribuir a los heridos a los distintos centros sanitarios según la gravedad que revertían sus heridas.[24] Queda bien claro que la responsabilidad de este grupo de camilleros y médicos de batallón era alejar al herido del frente y realizarle las primeras curas de absoluta urgencia, no estando autorizados ni contando con los medios necesarios para realizar intervenciones complejas o de cierta envergadura, remitiendo al soldado herido de gravedad a los centros pertinentes de vanguardia. En este primer nivel de la red sanitaria se ha mencionado uno de los equipamientos más vitales y protagonistas dentro del servicio médico durante una guerra, las camillas. Durante la guerra civil española las camillas fueron especialmente cuidadas ya que no solamente fueron utilizadas en el frente por los camilleros, sino que participaron en el cuidado y atención de los heridos en tres principales momentos: la evacuación desde el frente de batalla; acondicionar a los heridos en los diferentes medios de transporte para su traslado al hospital y, en último lugar, una vez en los centros sanitarios, acomodaban en ellas a los heridos a la espera de recibir el tratamiento pertinente (operación quirúrgica) o la definitiva hospitalización.[25]

El siguiente escalón dentro del organigrama sanitario era el formado por el Puesto de Socorro de Brigada, donde los heridos eran atendidos y clasificados en función de sus necesidades para un posterior traslado.

23 LARRAZ ANDIA, Pablo: *Entre el frente y la retaguardia. La sanidad en la guerra civil: el hospital "Alfonso Carlos", Pamplona 1936-1939*. Madrid, Actas, 2004.

24 ROJO FERNÁNDEZ, Vicente: "Algunos aspectos de la Sanidad Militar durante las operaciones de Teruel" en VV. AA: *Los médicos y la medicina en la guerra civil española*, Madrid, Monografías Beecham, 1986, pp. 139-156.

25 PALFREEMAN, Linda: *¡Salud! British volunteers in the republican medical service during the Spanish Civil War, 1936-1939*. Eastbourne (GB), 2012, Sussex Academic Press.

Este Puesto de Socorro generalmente estaba formado por tiendas, casetas o aprovechando alguna edificación preexistente como corrales o pequeños caseríos. En cuanto a su ubicación, eran establecidos a ser posible a una distancia no superior a los 2 o 3 Km del frente. Dentro del equipamiento del Puesto de Socorro estaban ya contempladas las ambulancias (o vehículos civiles habilitados como tal) para el traslado de los heridos a los Hospitales de Sangre.[26] El Doctor Vicente Rojo, practicante de los Equipos Quirúrgicos Móviles durante la guerra civil, nos habla de este segundo escalón de atención durante los combates, el cual experimentó un enorme progreso, incrementado notablemente la calidad y rapidez de la atención a los heridos, ya que "el segundo escalón de atención médica, el puesto de socorro y curación, mejoró notablemente con la utilización de los *Autochirs*, pequeños quirófanos de campaña donde se podían prestar atenciones de cierta importancia en aceptables condiciones de asepsia o al menos de antisepsia y garantizar una pronta y mejor evacuación de los heridos graves hacia las ambulancias".[27]

Este traslado también se realizaba frecuentemente mediante trenes-hospitales donde los heridos recibían ya tratamientos altamente especializados en su camino hacia los hospitales fijos. Esta práctica de traslado de enfermos y heridos utilizando trenes adaptados para tal fin, como veíamos anteriormente, se perfeccionó tras la experiencia en la Guerra de Marruecos, alcanzando un elevado nivel de funcionalidad durante la guerra civil. La británica Annie Murray trabajo en uno de estos trenes como enfermera junto al Doctor Quemada, cirujano español. Según su testimonio, el tren en sí mismo era un hospital excelente, en el cual hasta 72 personas podían trabajar en perfectas condiciones ya que "there are three coaches fitted up as ward with stretcher slung in two tires at either side, tow operating rooms and two staff rooms for the doctors and nurses, dining-room and kitchens"[28] ("*hay tres vagones*

---

26 ALBIR HERRERO, Cristina y MEZQUIDA FERNÁNDEZ, Miguel: "El hospital de sangre…" ob. cit., pp. 50.

27 ROJO FERNÁNDEZ, Vicente: "Algunos aspectos de la Sanidad Militar…", ob. cit., pp. 144.

28 PALFREEMAN, Linda: *¡Salud! British volunteers…*", ob. cit., pp. 81.

equipados con asientos con camillas colocadas en dos filas a cada lado, dos salas de operaciones y dos habitaciones del personal para los médicos y las enfermeras, el comedor y las cocinas")

La atención en primera línea y el traslado rápido eran fundamentales de cara a evitar el agravio de las heridas y la aparición de infecciones que con elevada frecuencia derivaban en la temible gangrena. El Dr. Luis Mazo Burón, cirujano en un hospital de sangre en León durante la guerra civil, nos ofrece su testimonio en esta línea: "de aquí la enorme importancia que tiene la realización de una correcta asistencia en primera línea […] seguida, claro está, del urgente traslado del herido al centro adecuado y, de ser posible, definitivo".[29]

Esta breve descripción de la Sanidad Militar republicana nos permite afirmar que estas infraestructuras sanitarias situadas en la retaguardia tuvieron una importancia capital en la organización asistencial,[30] ya que constituían el eslabón final de la sanidad de guerra republicana.

Durante las primeras semanas de conflicto, en la retaguardia republicana se habilitaron 70 hospitales de sangre de los cuales sólo 20 dependían del Ministerio de Guerra. El resto estaban gestionados por autoridades locales como partidos políticos, sindicatos, comités orbreros, etc. En palabras del Dr. José Estellés Salarich, Jefe de Sanidad del Ejército del Centro, "en aquellas horas todavía caóticas […] fundaban hospitales los partidos políticos, las sindicales y todas las organizaciones en las que había alguien con fantasía, generosidad y alguna mayor o menor preparación. De estas instituciones, unas llegaron a funcionar bien, otras no eran más que el pretexto para que personas generosas y bien intencionadas, pero deficientemente orientadas, se entretuvieran dedicando inocentemente sus esfuerzos a los auxilios de guerra."[31] Este será uno de los motivos por los cuales en estos momentos iniciales del

---

29 MAZO BURÓN, Luis: "Hospital de sangre de retaguardia", en VV. AA: *Los médicos y la medicina en la guerra civil española*, Madrid, Monografías Beecham, 1986, pp. 245-258.

30 MASSONS ESPLUGUES, Josep María: Historia de la Sanidad…, ob. cit.

31 ESTELLÉS SALARICH, José: "La Sanidad del Ejercito Republicano del Centro", en VV. AA: *Los médicos y la medicina en la guerra civil española*, Madrid, Monografías Beecham, 1986, pp. 41.

conflicto muchos de estos hospitales no alcanzaron la eficacia ni el nivel funcional y organizativo deseable. Para intentar paliar esta situación el gobierno de Largo Caballero promulgó en enero de 1937 una orden gubernamental, publicada en una circular, por la que se centralizaban y pasaban a control estatal estos hospitales de sangre, en un contexto en el que la eficacia de la organización sanitaria de la retaguardia era considerada fundamental para ganar la guerra.[32] Dicha Orden Ministerial era aplicable y de obligado cumplimiento para los hospitales que tuvieran al menos 300 camas, condición que el hospital de Uclés cumplía, quedando clausurados los que no alcanzaran dicha cifra de camas.

Basándonos nuevamente en el testimonio directo del Dr. Estellés, la red de hospitales del Ejercito del Centro (a la que estaba adscrito el territorio de Cuenca) contaba aproximadamente con unas 16.000 camas.[33] Del análisis de la obra del citado Doctor, se pueden extraer conclusiones y testimonios vitales para conocer la organización y funcionamiento de la sanidad en el Ejército del Centro, aunque al tratarse de un texto acerca de su experiencia personal y profesional se encuentra más encuadrado en el ámbito madrileño, zona en la que ejerció más influencia como Jefe de Sanidad del Ejército del Centro y director del Hospital del Hotel Ritz. Sin embargo, dentro de los numerosos ejemplos nos relata la creación de un gran hospital en la Normal de Cuenca, hospital que en sus palabras "casi lo teníamos olvidado".[34] El detonante que agilizó la instalación y apertura de dicho hospital fue el inicio de las operaciones militares en Teruel, debido a la utilidad que podría adquirir para el Ejército de Maniobras al contar con una zona de evacuación y rehabilitación de heridos en esta zona de retaguardia cercana. Aunque el Dr. Estelles no llegue a mencionarlo, el Hospital de Sangre de Uclés se encuadraba en la red sanitaria del Ejército del Centro jugando un papel fundamental en varios momentos de la

32 Instituto de Historia y Cultura Militar (IHCM): *Diario Oficial del Ministerio de la Guerra 21 de enero de 1937.https://bibliotecavirtual.defensa.gob.es/BVMDefensa/es/publicaciones/verNumero. do?idNumero=31330*

33 ESTELLÉS SALARICH, José: "La Sanidad del Ejercito…" ob. cit., pp. 47.

34 *Ibidem*, pp. 48.

guerra civil, como durante las operaciones de Teruel que motivaron la creación del citado hospital en la capital conquense.

La Sanidad Militar en el IV Cuerpo del Ejército del Ejército del Centro republicano

Tras desalojar el Monasterio de Uclés se realizaron las reformas que se consideraron pertinentes para poner en marcha el hospital. Estas fueron, esencialmente, mejoras en el suministro eléctrico y, sobre todo, la introducción de agua corriente. Paralelamente se fue incorporando tanto el material médico como el personal que formaría parte de la platilla de médicos, enfermeros y enfermeras del futuro hospital de sangre. Estos recursos, tanto humanos como materiales, fueron esencialmente españoles y de la Cruz Roja pero también hubo aportaciones internacionales, principalmente británicas.

Una vez completados estos pasos quedó constituido el hospital del Monasterio de Uclés el cual fue inmediatamente adscrito al IV Cuerpo del Ejército del Ejercito del Centro republicano. Por lo tanto, en este apartado vamos a analizar alguna de las operaciones, desde el punto de vista sanitario sin entrar en aspectos militares, en las cuales se vio involucrado el hospital objeto de nuestra investigación.

Basándonos en la información obtenida en los partes sanitarios de la 12ª División del IV cuerpo, correspondientes a varios días entre marzo y abril de 1937, (conservada en los fondos del Archivo General Militar de Ávila [AGMAV]), se puede confirmar que esta división estaba en esos momentos formada por las brigadas mixtas 35, 49 y 50. Los hospitales más cercanos a la posición de dicha brigada y a los cuales debían evacuar a sus heridos eran los de Tórtola de Henares (principalmente la 35 brigada), Humanes (preferentemente la 49 brigada), Fontanar y Guadalajara. Además de estos, aparecen mencionados otros hospitales donde se realizaron evacuaciones como Madrid, Ciudad Libre, Fortuna y el Monasterio de Uclés.[35]

---

[35] Jefatura, Sanidad Militar, 12ª división. Marzo-abril de 1937. AGMAV – 129/7.

Un año después, en marzo de 1938 y en el contexto de un Madrid bombardeado y con un asedio que prácticamente circundaba su perímetro, el Gobierno republicano se lanza en una ofensiva sobre Guadalajara siendo uno de los objetivos de esta ofensiva reducir la presión ejercida sobre la capital española. De nuevo contamos con los partes tanto de los planes previos a las operaciones como las memorias finales redactadas a posteriori. Dentro de la configuración previa de la operación, hacemos referencia al plan de los servicios sanitaros, según el cual "se planea una operación ofensiva en la que van a intervenir tres divisiones, con unos efectivos que alcanzan los 40.000 hombres. Dada la situación de las fuerzas del enemigo, las condiciones del terreno y lo inseguro del tiempo que cabe esperar, se calcula un número más elevado que el normal de enfermos. La previsión de bajas totales llega a la cifra de 5.000 o 6.000 (13,75%) como máximo, siempre que la operación se realice normalmente y dentro de los límites temporales previstos. Según los cálculos habituales obtenidos de operaciones anteriores estas bajas se clasificarían en:

Heridos leves y enfermos	2.500 a 3.000 (50%)
Heridos graves y menos graves	1.500 a 1.800 (30%)
Heridos gravísimos	500 a 600 (10%)
Muertos y desaparecidos	500 a 600 (10%)[36]

En base a la información aportada por este parte se puede observar cómo antes de cualquier operación se realizaba una previsión de las bajas en base a múltiples variables como la duración y dificultad de las operaciones, de las condiciones climáticas esperadas, los condicionantes geográficos, etc. Siempre también teniendo en cuenta la experiencia previa de otras operaciones militares llevadas a cabo. Sin embargo, esto no deja de ser una previsión, la cual puede verse altamente alterada tras el trascurso de los combates, como ya ocurriría en

---

36 AGMAV – 54/4: Jefatura de Sanidad, Estado Mayor, Ejercito del Centro. *Plan de los servicios sanitarios para las operaciones de Guadalajara.* Marzo, 1938.

la Sierra de Madrid donde la previsión de una ofensiva de corta/media duración no fue acertada quedando el frente en esa zona estable toda la contienda.

Volviendo a la operación de Guadalajara, en la organización sanitaria se preveía la hospitalización de los combatientes dependiendo de varios sectores. En base a lo que nos interesa en el caso que nos ocupa, para el Sector del Ejército del Centro se contaba con "un hospital con 300 camas en Alcocer, hospitales de Cuenca (1200 camas), [dentro de este grupo se encuentra el hospital de Uclés], un hospital de 500 camas en Ocaña y hospitales de Madrid (4.000 camas). El movimiento de heridos graves y menos graves sería hacia Cuenca, alejándolos con ello de las rutas militares".[37] El hecho de alejar a heridos de baja gravedad hacia hospitales de la zona conquense es debido a su lejanía de los frentes, buscando un lugar tranquilo para propiciar una pronta recuperación. Además, al tratarse de heridos que no revierten una elevada gravedad es más factible que puedan aguantar el viaje hasta Cuenca, liberando camas en centros sanitarios más cercanos al frente para heridos con una mayor gravedad.

De nuevo contamos con más referencias a las rutas de evacuación previstas para la ofensiva sobre Sigüenza y Guadalajara, aunque esta vez incluidas ya dentro de las Memorias del final de las operaciones redactas por la Dirección de los Servicios Sanitaros del Ejército del Centro el 2 de febrero de 1938.[38] Gracias al citado texto sabemos que "los medios de evacuación del IV Cuerpo fueron reforzados con 7 ambulancias en un primer momento y otras 7 más tarde. Cerca de Alcocer se situó un tren pesado de evacuación del Ejército del Centro, consistente en 2 ambulancias pesadas (18 camillas cada una), 4 ambulancias de 12 camillas y 12 ómnibus, con capacidad para 300 pacientes sentados. Con este material se hicieron evacuaciones desde el hospital de Alcocer a Cuenca", sin embargo, estos no serán todos los medios disponibles, ya que en plena operación "la Cruz Roja cooperó con algunos de sus vehículos en evacuaciones que se hicieron desde esos puntos hacia los hospitales de Cuenca".

---

37 *Ibídem.*

38 *Ibídem.*

A pesar de contar con dichos vehículos, una de "las dificultadas que se presentaron tiene que ver, sobre todo, con las grandes distancias a recorrer entre las primeras líneas, los puestos de clasificación y las zonas hospitalarias [por ejemplo Uclés], pero las peculiares características de los frentes de Guadalajara convierten esta dificultad en inevitable".[39]

El hecho de tener que cubrir estas distancias que "promediaban los 50 kilómetros" no solo era perjudicial para los heridos desde el punto de vista médico, sino que además la carretera "estaba batida por aviación enemiga" la cual ocasionó varios daños llegando a tener "7 ambulancias alcanzadas por metralla en bombardeos y otras 7 averiadas en accidentes inevitables".[40] A pesar de todo lo expuesto anteriormente, este compendio de medios de transporte fueron los que posibilitaron una más que notable rápida evacuación cubriendo con eficacia los 70-75 km que separan Alcocer de Uclés o Cuenca. En este punto cabria la duda acerca de la no utilización de los hospitales de Guadalajara capital, sin lugar a dudas más cercanos al frente. De nuevo, las memorias de las operaciones nos ofrecen la respuesta, ya que la Dirección de los Servicios Sanitarios compartió con el Mando Militar "el convencimiento de que una exitosa operación del IV Cuerpo atraería sobre nuestra capital provincial constantes bombardeos aéreos, que la harían inutilizable como base de retaguardia para los servicios. Afortunadamente esto no ha ocurrido, pero de todas formas se mantuvo la baja utilización de los hospitales de Guadalajara capital, ya que con su personal se había dotado otros centros situados más a vanguardia".[41]

En conclusión, el análisis de la documentación existente, en este caso sobre las operaciones de Guadalajara, nos hace pensar en la importancia que la sanidad militar tuvo tanto a nivel de Ejército como a menor escala en la diferentes divisiones y brigadas. A la hora de planificar y preparar una operación militar de cualquier índole se puede observar como era estudiado y elaborado un minucioso entramado sanitario que pretendía no dejar cabos sueltos. Esta planificación previa contemplaba desde la

---

39 *Ibídem.*

40 *Ibídem.*

41 *Ibídem.*

previsión de heridos y la dotación de material médico hasta el establecimiento de una completa red sanitaria encargada de la evacuación y tratamiento de los heridos desde el mismo frente de batalla hasta los hospitales estables en la retaguardia como el caso del Monasterio de Uclés. Para esta evacuación, como hemos visto en el caso de las operaciones de Guadalajara que podría llegar a alcanzar decenas de kilómetros, se contaba con diferentes medios de transportes adaptados a tal fin.

El Hospital de Sangre del Monasterio de Uclés (1936-1939)

Como hemos visto, un hospital de sangre es un hospital de campaña o militar, en principio provisional, y que suele situarse en la retaguardia en la parte más próxima posible a la zona en la que se estén desarrollando acciones bélicas, de ahí que la afluencia de heridos sea muy elevada. Durante la guerra civil se rehabilitaron o reutilizaron muchos locales cuyas características los hacían adecuados para tratar heridos de guerra, especialmente edificios particulares, monasterios y conventos, como los casos de Torrebaja (Valencia) ocupando un edificio particular o los Monasterio de la Virgen de la Tejada en Garaballa y el Monasterio de Uclés, ambos en la provincia de Cuenca.[42]

Como ya se indicó al principio y se fue desarrollando durante este capítulo, las condiciones que ofrecía el Monasterio de Uclés eran inmejorables. En primer lugar, debido a su ubicación en una zona de retaguardia y próximo a la carretera que unía Madrid con el levante peninsular y la parada de tren en Tarancón. También hay que destacar la ubicación del propio monasterio con respecto al pueblo de Uclés, ya que el núcleo poblacional se encuentra a los pies de la ladera que corona el monasterio, dándole así un cierto carácter de intimidad con respecto a la población civil.

En segundo lugar, de cara a la elección del Monasterio de Uclés para establecer un hospital pesaron las posibilidades funcionales que ofrece la propia arquitectura del monasterio, siendo un edificio sobradamente amplio con multitud de estancias, distribuidas en tres plantas y vertebradas a través de un patio central. Además, al tratarse de un

---

42 ALBIR HERRERO, Cristina y MEZQUIDA FERNÁNDEZ, Miguel: "El hospital de sangre…" ob. cit., pp. 45-59.

edificio pensado para albergar un elevado número de personas contaba con espacios que fueron susceptibles de instalar los dormitorios, cocina, aseos, así como estancias holgadamente amplias como la sacristía donde se emplazó uno de los grandes comedores.

Por lo tanto, una vez tomada la decisión de instalar en el monasterio un hospital, solamente fue necesario llevar a cabo una serie de transformaciones en el inmueble, así como proporcionar el material médico necesario para su funcionamiento. Junto a esto, sí que fue ineludible la realización de una obra para dotar al Monasterio de Uclés de agua corriente algo de vital importancia para todo centro sanitario. Esto es debido a que el edifico no contaba con una red de agua que abasteciera al mismo, por lo cual hubo de realizarse antes de abrirlo con su nueva función de hospital de sangre.

Una vez estuvo todo listo, el Monasterio de Uclés comenzó a funcionar como hospital en torno al mes de octubre de 1936, es decir, a escasos tres meses desde el inicio de la contienda. El primer paciente del que se tiene registro de su fallecimiento es un varón vecino de la cercana localidad de Tarancón y chófer de profesión, quien falleció el 8 de diciembre de 1936 tras ser herido por arma de fuego. En cuanto al final del hospital, este se produjo entre 5 y 7 meses después de finalizar la guerra, en torno a septiembre-noviembre de 1939, siendo el 30 de septiembre de dicho año el último fallecimiento registrado, en este caso el de una civil, una mujer de la propia localidad de Uclés.

Dentro de un hospital, y más si cabe en un hospital de sangre durante un conflicto bélico, el índice de mortandad es elevado. Esto obliga, de manera ineludible a prestar atención a la gestión de los fallecimientos. El cementerio municipal de Santa Catalina se encuentra situado en la cima del cerro al lado oeste del pueblo y muy próximo al Monasterio por su cara norte. Este recinto fue reservado para un reducido número de civiles locales que fueron ahí enterrados. Desde un primer momento quedó patente para las autoridades que la gran mortandad tanto dentro del centro hospitalario como de heridos que fallecían durante el traslado al mismo iba a colapsar el pequeño cementerio de Santa Catalina por lo que se decidió habilitar otro lugar.

Al lado oeste del monasterio, en una cota inferior al mismo, se encuentra el área conocida como "la Tahona" por haber albergado una antigua fábrica de pan, que ya incluso en la época que nos ocupa no se conservaba físicamente. Es en esta zona, adosada a la muralla califal que circunda el cerro es donde se decide que van a ser inhumados los restos humanos de los fallecidos en el hospital ya que se trata de una zona tranquila que ofrece la intimidad necesaria debido a su nula visión desde el pueblo. Además de ofrecer esta intimidad para los enterramientos, también el hecho de alejar los mismos de la localidad atiende a razones más humanas a fin de evitar la desmoralización y el pánico entre la población civil. Este recinto fue el excavado arqueológicamente por el proyecto aquí presentado, reservando, por tanto, los aspectos relativos a su evolución, uso y amortización, así como ritos o procedimientos de inhumación y toda la información arqueológica obtenida para los capítulos pertinentes.

Fotografía del Monasterio de Uclés durante la Guerra Civil.
Fuente: AGMAV, F. 412,26

Dentro de la documentación consultada en el AGMAV[43] se ha tenido acceso a 12 justificantes de revista de diferentes pacientes del hospital firmados por el jefe de la clínica y fechados el 1 de noviembre de 1937. La mayoría son partes individuales a excepción de 2, alcanzando la cifra total de 18 pacientes del hospital que se pueden ver resumidos en la siguiente tabla:

División	Batallón	Rango	Nombre	Apellidos	Fecha ingreso
13	INGENIEROS	SOLDADO	KRPEC	ARNOST	17/07/1937
14	9º	CABO	NICASIO	VALVERDE CONTRETAS	10/10/1937
14	9º	SOLDADO	CESAREO	COECHERO CAVAS	16/10/1937
14	9º	SOLDADO	ANTONIO	BLANCO SALAS	16/10/1937
14	9º	SOLDADO	WEBERG	RUBERT	16/10/1937
14	10º	SOLDADO	ELEUTERIO	CAFONS BOIX	20/10/1937
14	10º	SOLDADO	JOAQUÍN	BORDAS ABADIA	16/10/1937
14	10º	SARGENTO	NICOLÁS	ALBERT	14/04/1937
14	14ª	SOLDADO	ATANASIO	BERGOS BAS	27/10/1937
14	14ª	SOLDADO	MAURICE	SAVAGE	20/10/1937
14	14ª	SOLDADO	JEAN LOUISE		18/10/1937
14	14ª	SOLDADO	ANDRÉ	PADELO	19/10/1937
14	13ª	SOLDADO	NUTY	JOLMINO	29/10/1937
14	13ª	SOLDADO	VICENTE	TALÓN AGUILAR	17/10/1937
14	1º	SOLDADO	EUSTAQUIO	CORREDOR GARRIDO	17/10/1937
14	2º	CABO	ALBERT	RISEIR	20/10/1937
15	16º	SOLDADO	JORGEN	STAHL	27/02/1937
15	DIMITROV	TENIENTE	HENRI	RUGICKA	24/03/1937

43 AGMAV, C. 1096,6,2 / 1098,22,1 / 1098,2,3.

La procedencia de los heridos que pasaron su convalecencia en el Monasterio de Uclés es muy diversa, en parte gracias a las posibilidades que ofrecía la idónea ubicación geográfica del hospital, así como su acceso por carretera y tren. Por lo tanto, el hospital del Monasterio de Uclés atendió heridos de guerra de diversos frentes siendo los más representados en cuanto a números de militares republicanos los relativos a la batalla del Jarama (del 6 al 27 de febrero de 1937); la batalla de Guadalajara contra el Corpo Truppe Volontarie (CTV italiano) entre el 8 y el 23 de marzo de 1937; la batalla de Teruel (15 de diciembre de 1937 al 22 de febrero de 1938) y las ofensivas en la zona de Guadalajara entre marzo y abril de 1938.

Del análisis de los partes de revista citados en la tabla anterior podemos extraer varias conclusiones. En primer lugar, vemos cómo están representadas tres Divisiones: 13º (con un caso del batallón de ingenieros), 14º (batallones 1, 2, 9, 10, 13 y 14) y 15º (batallones 16 y Dimitrov). Por su parte, la 14ª División es la más representadas, división que formó parte del Ejército Popular de la República organizada sobre las bases de las Brigadas Mixtas. Fue creada parcialmente a partir de la columna liderada por Cipriano Mera junto a elementos de las Brigadas Mixtas. La XII Brigada Internacional también quedó integrada en esta división. Finalmente, la 14ª División que adscrita al IV Cuerpo del Ejército. Uniendo los datos relativos a la división y batallón junto con la fecha de ingreso que figura en el parte de revista podemos concluir que la procedencia de estos combatientes hospitalizados es el frente de la batalla de Guadalajara donde la 14ª División estuvo presente en tres períodos durante el año 1937 (febrero-marzo; junio y diciembre).[44]

En segundo lugar, ciñéndonos al rango, los soldados son el grupo mayoritario (14 casos) seguidos de los cabos (2 casos), un sargento y un teniente. En tercer, y último lugar, del análisis de los nombres de estos hospitalizados podemos deducir la presencia con casi toda seguridad de combatientes de nacionalidad diferente a la española, es decir, son

---

44 BEEVOR, Antony: *La guerra civil… ob., cit.,* y ALPERT, Michael: *El Ejército Republicano en la Guerra Civil.* Cambridge University Press, 2013.

personas que llegaron a España para combatir a favor de la República española convencidos de que se estaba librado una batalla internacional contra el fascismo. Estos serían los casos del soldado Krpec Arnost del batallón de ingenieros de la 13ª división; Weberg Rubert solado del 9º batallón de la 14ª División; el cabo Albert Riseir del 2º batallón de la 14ª División; Nuty Jolmino, soldado del 13º batallón de la 14ª División; Maurice Savage y Andrè Padelon, soldados del 14º batallón de la 14ª División; el soldado Stahl Jorgen del 16º batallón de la 15ª División y el teniente Henri Rugicka del batallón Dimitrov de la 15ª División.

Este último caso es muy ilustrativo de la presencia de brigadistas internacionales en el hospital del Monasterio de Uclés. El teniente Henri Rugicka pertenecía, como decíamos, al batallón Dimitrov adscrito a la 15ª División del Ejército Popular de la República desde el 31 de enero de 1937. Dicho batallón fue una unidad militar integrada dentro de las Brigadas Internacionales. Su nombre se debe al búlgaro Gregori Dimitrov y se formó con exiliados procedentes de los Balcanes en diciembre de 1937. En un primer momento fue constituida con 800 voluntarios búlgaros, yugoslavos y unos 160 griegos. Su primera intervención militar fue en febrero de 1937 en el contexto de la Batalla del Jarama donde sufrieron un elevado número de bajas.[45] El teniente Henri Rugicka ingresó en el hospital del Monasterio de Uclés el 24 de marzo de 1937, por lo tanto, podemos deducir que las causas de su ingreso se produjeron durante dicha batalla del Jarama. Así mismo, podemos intuir la gravedad de las heridas del teniente en base que el parte de revista conservado en el AGMAV este fechado el 1 de noviembre de 1937, algo más de 7 meses tras el ingreso de Henri Rugicka.

Para finalizar con los aspectos relativos a la procedencia de los ingresados en el hospital, cabría incidir nuevamente en uno de los elementos que le da un carácter singular al hospital del Monasterio de Uclés y

---

45 GONZÁLEZ DE MIGUEL, Jesús.: *La batalla del Jarama. Febrero de 1937, testimonios desde un frente de la Guerra Civil*. Madrid, La Esfera de los Libros, 2009. y ALÍA MIRANDA, Francisco., HIGUERA CASTAÑEDA, Eduardo y SELVA INIESTA, Antonio (coord.): *Hasta pronto, amigos de España: Las Brigadas Internacionales en el 80 aniversario de su despedida de la Guerra Civil Española*. Albacete, Centro de Estudios y Documentación de las Brigadas Internacionales, 2019.

X · **El Monasterio de Uclés durante la Guerra Civil y la posguerra (1936-1943)**

este no es otro que su ubicación. Al encontrarse inmerso dentro de un núcleo urbano, además de recibir heridos provenientes de los frentes, también fue centro de recepción de civiles tanto de Uclés como de localidades cercanas como Tarancón, población que sufrió varios bombardeos de severa gravedad.

En cuanto al personal encargado del centro, no ha sido posible contar con un registro completo del mismo. Según las investigaciones de Alfredo Sánchez Garzón[46] los hospitales de este tipo contaban con aproximadamente 20 miembros entre el médico principal, médicos auxiliares, practicantes, enfermeras y camilleros, e, incluso en algunos casos, contando a los guardias. A pesar de no contar con un listado completo del personal médico durante todo su funcionamiento sí contamos con algunos datos como una fotografía, tomada en 1938 en el interior del hospital por el Doctor Fernando García Librero, médico en el Monasterio de Uclés. En dicha fotografía se pueden contabilizar un total de 16 personas entre médicos y enfermeras. Sin embargo, en la imagen solamente aparecen dos enfermeras, número claramente insuficiente teniendo en cuenta el volumen de heridos y el tamaño del hospital, además del hecho de contar con otras fotografías donde se ve un mayor número de enfermeras. Por lo tanto, sin poder dar una cifra exacta del personal médico presente en Uclés, nos encontramos en disposición de afirmar que era altamente superior a la cifra de 20 personas de las que nos hablan algunas fuentes para estos centros.

Una de las principales herramientas con la que cuenta un historiador para analizar los hechos ocurridos durante el convulso siglo XX son las fuentes archivísticas, es decir, los documentos originales conservados en los diferentes archivos. Estos textos son claves para conocer la vida cotidiana y los acontecimientos en la retaguardia de la guerra civil española. A pesar de esto, con demasiada frecuencia nos encontramos con falta de datos, documentos incompletos o definitivamente desaparecidos, provocando dudas metodológicas y dificultades para el investigador. Este es, en parte, el caso relativo al Hospital del Monasterio de Uclés. De la

---

46 SÁNCHEZ GARZÓN, Alfredo: "El Hospital de Sangre de Torrebaja durante la guerra civil española (1936-1939)" en *Del paisaje, alma del Rincón de Ademuz III*, Valencia, 2009, pp. 85-94.

exhaustiva labor documental se obtuvieron datos acerca de los fallecidos en el hospital, algunos partes de operaciones militares que derivaron sus heridos a Uclés y varias fichas hospitalarias de algunos pacientes. Por su parte, no se ha podido acceder a datos concretos acerca de la fundación y desmantelamiento del hospital o de los medios materiales y humanos del mismo, así como el libro de entradas y salidas de heridos y enfermos, imposibilitando saber a ciencia cierta el número de personas que pasaron por este centro sanitario. No obstante, el panorama no es tan desolador como puede parecer, ya que, con los datos de los fallecidos, se pudo confeccionar un listado de personas que incluye los nombres y apellidos, así como la localidad de procedencia y la fecha de su defunción. Así mismo, en el caso de muchos de los soldados, también aparecen datos relativos a su filiación militar, es decir, la brigada o batallón al que pertenecían. Todos estos datos, es especial el número de fallecidos inhumados en "la Tahona" han podido ser corroborados por los datos arqueológicos obtenidos tras la exhumación.

El total de personas registradas tras fallecer en el hospital de Uclés es de 199, de los cuales solamente 10 se encuentran enterrados en Santa Catalina mientras que los 188 restantes fueron inhumados en "la Tahona". Cabe destacar que el uso del cementerio municipal de Santa Calina se da entre el 29 de septiembre de 1938 y el 22 de junio de 1939 y que desde un primer momento (finales de 1936) se encontraba también en funcionamiento como cementerio el recinto de "la Tahona".

Una vez que tenemos claro el total de personas que fallecieron en el hospital debemos realizar una primera distinción en dos grupos: civiles y militares. Del total de 199 personas fallecidas hemos podido contabilizar 30 civiles que en su mayoría previenen de Uclés y Tarancón. Dentro de este grupo de civiles, 22 son varones y 8 mujeres. En cuanto a la edad de estos civiles, cuatro tenían 18 años o menos, 12 se encontraban entre 19 y 59 años edad y, en último lugar, 8 civiles contaban 60 o más años. El análisis de las causas de la muerte, junto con la fecha registrada de la misma, nos lleva a la conclusión de que en el cementerio de "la Tahona" fueron inhumados al menos 7 civiles víctimas de los bombardeos sufridos, especialmente en Tarancón. Dicha localidad conquense, muy próxima a Uclés, sufrió varios bombardeos, el primero en enero de 1937 que provocó 6 víctimas estando documentados dos en el Monasterio de Uclés (Antonio Corpa Caballero, miembro de la Guardia Nacional Republicana, con herida de metralla en la cabeza y Gregorio del Cerro de 14 años de edad). El segundo de los bombardeos sufridos por Tarancón fue el 5 de marzo de 1937 y dejó más de 30 heridos, de los cuales tenemos constancia de 3 fallecidos e inhumados en "la Tahona" (Felipe López Verdugo de 39 años; Joaquín de la Osa de 29 años y José García Salto, perteneciente al cuerpo de Intendencia de Tarancón). En cuanto a los bombardeos sufridos por Cuenca capital, el acaecido el 20 de enero de 1938 dejó 8 víctimas mortales entre soldados y Guardias de Asalto, siendo uno de ellos inhumado en Uclés (Julián Rosalilla Fernández de 21 años de edad, Cabo de profesión y procedente de Cuenca, aunque natural de Santoña, en Santander).

El Hospital del Monasterio de Uclés, es, ante todo, un hospital de sangre, es decir un hospital militar, creado por y para fines militares. Por lo tanto, los soldados de diferentes rangos son el grupo más numeroso dentro del total de inhumados en "la Tahona". Del estudio de los datos aportados por el listado de fallecidos y el resto de documentación localizada se pueden obtener varios datos relevantes. De la combinación de la fecha de muerte junto con los datos relativos a la unidad militar del fallecido en cuestión se puede llegar a saber la procedencia del mismo en base a la campaña bélica pertinente. Sin embargo, no en todos los casos ha sido posible por la falta de datos o lo incompleto de los mismos, así solamente en 57 de los casos podemos afirmar la procedencia desde una confrontación sin lugar a dudas. Procedentes de la Batalla del Jarama (del 6 al 27 de febrero de 1937) fallecieron en el hospital 27 militares. De la Batalla de Guadalajara del 8 al 23 de marzo de 1937 (la ofensiva contra el CTV italiano) fueron inhumados en Uclés 2 soldados. En tercer lugar, procedentes de la Batalla de Teruel (del 15 de diciembre de 1937 al 22 de febrero de 1938) un total de 21 militares fallecieron en el hospital del Monasterio de Uclés. En último lugar, 7 militares que combatieron en las operaciones de Guadalajara entre marzo y abril de 1938 fallecieron en el hospital y, por tanto, fueron enterrados en "la Tahona". En este punto cabe aclarar nuevamente que esta cifra de 57 militares con procedencia de una operación bélica conocida atiende al número de pacientes que fallecieron durante su tratamiento o convalecencia en el hospital, no del total de militares que pudieron ser tratados, cifra que con total seguridad sería mucho más elevada.

En cuanto al resto de fallecidos registrados es demasiado arriesgado intentar esclarecer su procedencia desde alguno de los frentes sin caer en posibles errores o falseando los datos. A pesar de esto sí que fue registrado un pequeño incidente que no aparece en las demás fuentes, el accidente de un camión perteneciente a la 3ª compañía adscrita al 3er Batallón de Trasportes. Dicho camión volcó el 19 de abril de 1938 a unos 4 kilómetros de Tarancón, produciendo la muerte de tres soldados en el hospital (Bautista Oliver Casanovas, Luis García Ortega y Pedro Gómez Casado).

El Hospital del Monasterio de Uclés y la Ayuda Internacional

Tras el estallido de la guerra civil española las potencias europeas se aunaron inicialmente creando un Comité de No Intervención mediante el cual afirmaban no proporcionar ayuda a ninguno de los bandos beligerantes en España. Dentro de este grupo de países firmantes se encontraba Gran Bretaña, sin embargo, un grupo de médicos y enfermeras decidieron unirse con un firme propósito. Isabel Brown, que ocupaba el cargo de secretaria del *Relief Committee for the Victims of Fascism* (Comité de Ayuda para las Victimas del Fascismo) se puso en contacto con el médico Hyacinth Morgan, consejero médico de los Sindicatos Laboristas, quien, a su vez, involucró al doctor Charles Brook, médico y secretario de la Asociación Médica Socialista. Fruto de estos contactos, se acordó una reunión el 8 de agosto de 1936 en el *Nacional Trade Union Club* (Club de los Sindicatos Nacionales) a la que acudieron médicos, estudiantes de medicina y enfermeras, todos ellos afines ideológicamente. A partir de este encuentro surgió el *Spanish Medical Aid Comittee* (SMAC en inglés, Comité de Ayuda Médica a España) del cual el doctor Morgan sería el presidente y el doctor Brook el secretario estando formado por médicos, enfermeras, chóferes, traductores y administrativos que, procedentes de las islas británicas, se instalaron en España para prestar ayuda sanitaria al gobierno republicano.[47] Con los fondos obtenidos mediante campañas de financiación como la emprendida por el Consejo Nacional del Trabajo, así como donaciones particulares, este comité adquirió material médico, vehículos y demás provisiones que trasladó a España con destino a los centros sanitarios.[48] Además de esto, ya en otoño de 1936 el SMAC promocionó la creación de un hospital militar en Grañen (Huesca) debido a la proximidad al frente de Aragón.[49]

En cuanto al Monasterio de Uclés, el citado Comité de Ayuda británico presenta la creación del hospital como una idea personal de Leah Manning, secretaria honoraria del SMAC. Según sus datos, Manning habría sugerido la creación de este hospital para el cuidado de heridos españoles (no cita brigadistas internacionales) y con personal médico español, pero eso sí, apoyado por Gran Bretaña. Ya en pleno funcionamiento en otoño de 1937, los datos del SMAC nos hablan de un total de 800 pacientes (todos españoles) y una plantilla de 300 personas, la mayoría también españolas.[50] En el momento de la creación del hospital, el Monasterio de Uclés parece ser que recibió material británico así como unas 100.000 pesetas provenientes del SMAC para los trabajos y modificaciones necesarias para adaptar el inmueble, modificaciones como baños, aseos y un sistema de drenaje además de una bomba eléctrica para el abastecimiento continuo de agua corriente desde el rio, todo ello para convertir a Uclés en "one of the best-equipped war hospitals in operation"[51] (uno de los hospitales de guerra en operación mejor equipado).

El Comité de Ayuda se financiaba mediante campañas de recaudación de fondos en las ciudades británicas. Es por esta cuestión por lo cual no es extraño encontrar salas dentro de los hospitales dedicadas a dichas

---

47 PRESTON, Paul: *Palomas de guerra.* Barcelona, Penguin Ramdom House, 2001, pp. 112.

48 PALFREEMAN, Linda: *¡Salud! British volunteers in the republican...,* ob., cit., pp. 6-8.

49 *Ibídem,* pp. 28-48.

50 *Ibídem,* pp.157.

51 *Ibídem.*

poblaciones, como el caso del Monasterio de Uclés donde se crearon las "Manchester, Chelsea, Swanser, Lewisham and Twickenham wards" (sala) además de una dedicada al escritor comunista Christopher Caudwell, seudónimo de Cristopher Sprigg, fallecido combatiendo en la Batalla del Jarama. Además de estas, la asociación judía The Worker's Circle fundó otra sala, bautizada en su honor.[52]

En cuanto al personal, en este caso sí que contamos con una fuente original, ya que en el Boletín del SMAC con fecha de octubre de 1937, aparece una lista detallada con todo el personal (tanto médico como encargados de otras funciones) que en esos momentos trabaja en el Monasterio de Uclés. Se trata de un total de 217 personas repartidas de la siguiente manera: "12 médicos incluidos 4 cirujanos y un especialista en fracturas; 1 radiólogo; 2 farmacéuticos; 16 practicantes; 34 enfermeras, 11 cocineros; 9 chicas (chicas jóvenes que normalmente actúan como ayudantes de las enfermeras y que con el tiempo acaban desarrollando prácticamente la misma labor); 43 enfermeros; 20 electricistas, carpinteros y fontaneros permanentes; 55 trabajadores temporales encargados del mantenimiento del edificio y 14 en otras tareas".[53]

Dentro de ese grupo de personas encargadas del funcionamiento del hospital siempre hubo participación británica, casi siempre en forma de enfermeras voluntarias. El paso de dichas enfermeras por el Monasterio de Uclés nos ha quedado presente en forma de cartas enviadas por las mismas a familiares o amigos en las cuales relatan sus vivencias y experiencias en España. Antes de pasar a citar alguno de los ejemplos de estas cartas, cabría tener en cuenta que se trata de relatos fuertemente ideologizados y, sobre todo, con un marcado carácter personal, que pueden llevar a confusión si no son analizadas desde la óptica correcta. Así pues, en muchos casos nos podemos encontrar con narraciones que presentan como verídicos hechos sin contrastar, exageraciones o textos escritos (intencionadamente o no) que presentan a España como una nación

---

52 PALFREEMAN, Linda: ¡Salud! British volunteers in the republican…, ob., cit., pp. 159.

53 SMAC Bulletin of October 1937, MML, IBA, 29/B, en PALFREEMAN, Linda: ¡Salud! British volunteers in the republican…, ob., cit., pp158-159.

atrasada (no solamente en los aspectos médicos aquí referidos), con prácticas y costumbres arraigadas en el pasado y que (solamente o en parte) gracias a la ayuda internacional puede avanzar, en este caso, dentro del contexto de la sanidad durante una guerra.

Una vez tenido en cuenta lo expuesto anteriormente, en Uclés hubo en los meses iniciales dos enfermeras británicas, Louise Jones y Katherine Hobbs. De ambas contamos con dos breves testimonios siendo el más duro de Louise Jones, enfermera a cargo de una sala con 104 camas. En sus cartas Louise Jones se queja agriamente de las condiciones en las que tiene que desarrollar su trabajo, con escasez de materiales higiénicos básicos como jabón o toallas, además del hecho de que no contar con pijamas siendo invierno lo que obliga a los enfermos a permanecer desnudos. En cuanto a Katherin Hobbs, en unas breves líneas, alaba la capacidad de las chicas jóvenes españolas presentes en el hospital de Uclés para aprender rápidamente todo aquello que les enseñan las enfermeras británicas, pero nuevamente el mérito principal desde su óptica recae sobre la iniciativa inglesa: "The idea of the London Committee to use the new hospital as a training school for Spanish nurses was excellent"[54][55] ("La idea del Comité de Londres de utilizar el nuevo hospital como escuela de formación de enfermeras españolas fue excelente").

Madge Addy, natural de Manchester, fue la última enfermera británica en el hospital del Monasterio de Uclés y una de las últimas en abandonar el país tras el final de la contienda. Su estancia en España se divide en dos períodos teniendo que regresar unas semanas a Inglaterra a causa de una fractura en su brazo para posteriormente volver a finales del verano de 1938. Una vez de vuelta en Uclés, redactó una carta al Dr. Nat Malimson, miembro del North Manchester Medical Aid. En dicha misiva la enfermera narra cómo, en la Sala Manchester del hospital, habían ingresado a cinco tifoideos junto con el resto de los pacientes,

54 BUCHANAN, Tom: *The impact of the Spanish Civil War on Britain. War, loss and memory.* Eastbourne, Sussex Academic Press, 2007, pp.52.

55 FYRTH, Jim y ALEXANDER, Sally: *Women's voices from the Spanish Civil War.* Lóndres, Lawrence and Wishart, 1991, pp. 93.

habiendo fallecido uno de ellos, teniendo como medida de protección para evitar contagios unas simples mosquiteras que cubrían la cara de los pacientes, mientras la moscas recorrían la estancia. Las cartas de esta enfermera (que se pueden consultar en la base de datos del Archives of the Trades Union Congress),[56] son un claro ejemplo de lo comentado previamente al estudio de estas fuentes, ya que están llenas de expresiones y juicios personales claramente condicionados por las vivencias que llevaron a su autora a ejercer juicos de valor negativos o incluso vejatorios para con la sanidad española en general y con el hospital del Monasterio de Uclés en particular.

Una de las historias personales más interesantes es la de Nan Green. ciudadana británica y militante del Partido Comunista de Gran Bretaña, decidió viajar a España siguiendo los pasos de su marido George Green, para ponerse al servicio del SMAC llegando a trabajar durante un breve periodo de tiempo en el hospital del Monasterio de Uclés. Su correspondencia y, sobre todo, sus memorias han sido analizadas por varios autores, como Linda Palfreeman[57], pero especialmente por el hispanista Paul Preston en su obra, ya citada, *Palomas de Guerra* donde le dedica un capítulo narrando su vida, con especial interés en la época que pasó en España durante la guerra civil. Por cuestiones metodológicas nos centramos solamente en su estancia en Uclés, hospital al que Nan llegó mediante la mediación de su amiga Winifred Bates (propagandista y fotógrafa del SMAC) quien "había acorado con el Spanish Medical Aid Committee nombrar a Nan para ayudar a reorganizar un hospital en Uclés".[58] La estancia de Nan Green en Uclés fue breve permaneciendo desde mediados de abril hasta mediados de mayo, momento en que se decide su traslado al norte peninsular. Este traslado se debe nuevamente a la iniciativa de Winifred Bates, quien justifica el cambio de su amiga a que "Nan estaba nadando en contra de la corriente política en Uclés" aunque no deberíamos descartar el hecho de que a principios de mayo "Nan sufrió su

---

56 Archives of the Trades Union Congress: http://www2.warwick.ac.uk/services/library/mrc/explorefurther/digital/scw/browse

57 PALFREEMAN, Linda: *¡Salud! British volunteers in the republican…*, ob., cit., pp. 159.

58 PRESTON, Paul: *Palomas…* ob., cit., pp. 131.

primera crisis emocional significativa [por la cual] lloraba desconsolada-mente".[59] Estas crisis emocionales bien pudieron influir, no ya en su ren-dimiento profesional del que no se tiene constancia, sino más bien en sus impresiones personales sobre la situación política y el estado del hospital, impresiones que vierte en sus cartas y memorias. Al llegar al hospital de Uclés, la voluntaria británica dice quedar horrorizada por las sangrientas condiciones en las que lo encontró, con una higiene deplorable que "Nan creía que era consecuencia de las simpatías secretas con los nacionalis-tas de los médicos y las enfermeras de la clase alta española."[60] Se trata de acusación algo desmedida teniendo en cuenta el papel que jugaron muchos médicos notables dentro de la sanidad militar republicana, doc-tores como M. Bastos Ansart, J. Trueta Raspall, Vicente Rojo Fernandez, Federica Montseny, Mariano F. Zumel, José Estelles Salarich o cirujanos como Jimeno Vidal o Joaquín D'Harcourt, entre muchos más que podrían hacer la lista casi inabarcable. Sin embargo, una de las acusaciones más insostenibles realizada por Nan Green en sus memorias relativa a su es-tancia en Uclés, recogida por Preston, es la siguiente: "la ropa sucia y los miembros amputados simplemente eran arrojados a una fosa seca."[61] Esta afirmación ha quedado desmentida gracias a los trabajos de exhumación arqueológica realizados en el cementerio de "la Tahona", al no constatar la existencia de dicha fosa con ropa y amputaciones y, además, haber documentado la presencia de las amputaciones dentro de las fosas de los fallecidos, mostrando así respeto por las mismas.

1.2 El Monasterio de Uclés como cárcel de partido (1940-1943)

El parte de guerra del 1 de abril de 1939, emitido desde el cuartel gene-ral de Francisco Franco, daba por terminada la Guerra Civil. Tres días antes, 29 de marzo, se producía la rendición de Cuenca[62]. La guerra había

---

59 *Ibídem.*

60 *Ibídem.*

61 *Ibídem.*

62 RODRÍGUEZ PATIÑO, Ana Belén: *La guerra civil en Cuenca (1936-1939).* Madrid, 2006, Grupo Corporativo Visionnet, pp. 207.

acabado para los conquenses, para todos los españoles, pero la ansiada paz tendría que esperar, ya que el plan de los vencedores pasaba por instaurar, asegurar y construir el nuevo régimen con unos pilares cimentados en el miedo, el odio y la represión. Los propósitos del nuevo régimen, personalizados en las figuras de Franco y sus más cercanos colaboradores, iban a ir mucho más allá de la simple toma de poder al acabar la guerra. En palabras de Queipo de Llano en Sevilla, todavía en 1936, el suyo era "un movimiento depurador del pueblo español" cuyo objetivo era "limpiarlo" de todos aquellos que "representaban corrientes sociales avanzadas o simples movimientos de opinión democrática y liberal", algo que valdría a equivaler, según el doctor Vallejo Nágera, a una "inquisición modernizada [...] obstáculo al envenenamiento literario de las masas, a la difusión de las ideas antipatrióticas".[63]

Durante los últimos años la historiografía sobre la dictadura franquista y el sistema de represión durante la posguerra ha avanzado de forma notable, tanto en cantidad como en calidad, abordando cuestiones capitales relacionadas con la violencia que el régimen desplegó de múltiples maneras. Así, la farsa que constituían los juicios, los expedientes de responsabilidades políticas, los fusilamientos, las depuraciones de cuerpos como los funcionarios, ferroviarios y maestros (entre otros) y el legado que toda esta oleada de violencia y represión dejó sobre el conjunto de españoles son temas que en los últimos años "han encontrado ya su espacio en el mundo académico".[64] A pesar de esto, el abordar estas cuestiones no deja de estar aún exento de cierta controversia y vacíos históricos que han de ser abordados.

Por lo tanto, hoy en día tenemos un amplio conocimiento de la brutalidad que alcanzó la represión practicada en la retaguardia durante el conflicto y durante los años posteriores a la guerra como bien han

---

63 FONTANA, Josep: "Prologo" en MOLINERO, Carme; SALA, Margarita y SOBREQUÉS, Jaume (eds.): *Una inmensa prisión. Los campos de concentración y las prisiones durante la guerra civil y el franquismo*. Barcelona, Crítica, 2003.

64 CENARRO, Ángela: "La institucionalización del universo penitenciario franquista" en, MOLINERO, Carme; SALA, Margarita y SOBREQUÉS, Jaume (eds.): *Una inmensa prisión. Los campos de concentración...* ob., cit., pp. 133.

documentado historiadores como Gutmaro Gómez Bravo en su obra *El exilio interior. Cárcel y represión en la España Franquista (1939-1950)*[65]. Al margen de las ejecuciones que se han venido a llamar "en caliente", las cárceles se llenaron de prisioneros. Se estableció una red de campos de concentración y toda una serie de lugares de represión que se improvisaron en diferentes emplazamientos, como castillos, conventos, cines, sótanos de ayuntamientos, escuela, monasterios (como Uclés, caso que nos ocupa), y toda serie de edificios con características adecuadas a tal propósito.[66] En conclusión, durante la posguerra, junto con el exilio numeroso y forzado y los fusilamientos masivos, la represión también tomó forma de reclusión a gran escala en campos de concentración y cárceles. La historia del Monasterio de Uclés como Prisión Central, según su definición oficial, se enmarca dentro de este sistema penitenciario franquista.

En base a diferentes investigaciones llevadas a cabo por los historiadores podemos establecer tres rasgos principales y específicos del sistema de represión: el carácter masivo, la improvisación en el acondicionamiento de muchas de las instalaciones y, como consecuencia de ambas, una elevada mortalidad de la población reclusa, tanto por las condiciones de vida y enfermedades derivadas, así como directamente por la producida por las ejecuciones.[67] Una de las mayores dificultades a la hora de abordar el sistema penitenciario del franquismo en los años inmediatamente posteriores a la guerra (1939-1945) es la complejidad para establecer unas cifras claras sobre el número de presos que se encontraban recluidos y detenidos.[68] Parte de esta dificultad radica en el

---

65 GÓMEZ BRAVO, Gutmaro: *El exilio interior. Cárcel y represión en la España Franquista (1939-1950)*, Madrid, Taurus, 2009.

66 HERNÁNDEZ DE MIGUEL, Carlos: *Los campos de concentración de Franco. Sometimiento, torturas y muerte tras las alambradas*. Barcelona, Penguin Random House, 2019.

67 RIOS FRUTOS, Luis; MARTÍNEZ SILVA, Berta; GARCÍA-RUBIO RUIZ, Almudena y JIMÉNEZ, Jimi: "Muertes en cautiverio en el primer franquismo: exhumación del cementerio del penal de Valdenoceda" en *Complutum*, 2, 19, (2008), pp. 141.

68 GÓMEZ BRAVO, Gutmaro: "El desarrollo penitenciario en el primer franquismo (1939-1945)" en AROSTEGUI SÁNCHEZ, Julio y GÁLVEZ BIESCA, Sergio, (eds.): *Generaciones y memorias de la represión franquista. Un balance de los movimientos por la memoria*. Valencia, Servei de Publicacions Universitat de València, 2010.

propio interés del régimen en negar la existencia de presos políticos.[69] Así, por tanto, en el *Breve Resumen de la obra del Ministerio de Justica por la Pacificación Espiritual de España* se llegó a afirmar, en un claro ejercicio de manipulación histórica, que "conocida con más o menos detalle la magnitud de la criminalidad desatada durante nuestra guerra en la zona sometida al llamado Gobierno de la Republica: En esta exposición se expresa el número de presos indebidamente llamados políticos que hubo en las cárceles españolas inmediatamente después de la Victoria".[70] Los datos que ofrecen las cifras oficiales del Patronato General para la Redención de Penas por el Trabajo, recogidos por Josep Fontana en el prólogo de la obra *Una inmensa prisión: los campos de concentración y las prisiones durante la Guerra Civil y el franquismo*, nos indican que a fecha de "1 de enero de 1939 había en las prisiones de España, entre hombre y mujeres, 45.999 condenados a diferentes penas"[71] mientras que en uno solo año, con el final de la contienda y el inicio de la represión mediante, la cifra aumentó considerablemente llegando el 1 de enero de 1940 a los 83.750 presos.[72] Las estimaciones del conjunto de España y durante el período que nos ocupa son complicadas por la falta de datos, pero algunos de los investigadores cifran el número de presos en torno a los 200.000 internados en los campos y cárceles. Existe otra cifra, nuevamente aportada por Fontana, la cual se circunscribe solamente al número de ejecuciones llevadas a cabo entre 1939 y 1944, la cual "dada por una fuente gubernamental a un corresponsal estadounidense hablaba de 192.684 ejecuciones"[73] en esos cinco años que siguieron al fin la guerra. El 6 de mayo de 1940, el director general de Prisiones, Máximo Cuervo Radigales, mandó un informe a Franco en el que se quejaba del excesivo

---

69   RODRIGO, Javier: *Cautivos: campos de concentración en la España franquista, 1936-1947*. Barcelona, Crítica, 2005.

70   VINYES, Ricard: "El universo penitenciario durante el franquismo" en MOLINERO, Carme; SALA, Margarita y SOBREQUÉS, Jaume (eds.): *Una inmensa prisión. Los campos de concentración…* ob., cit., pp. 163.

71   FONTANA, Josep: "Prologo" en MOLINERO, Carme; SALA, Margarita y SOBREQUÉS, Jaume (eds.): *Una inmensa prisión. Los campos de concentración…* ob., cit., pp. XIII.

72   *Ibídem*.

73   *Ibídem*.

número de reclusos. En dicho escrito, declaraba que "en números redondos, 103.000 prisioneros ya había sido juzgados, de los que, desde el 1 de abril de 1939, 40.000 habían obtenido su sentencia en los juicios celebrados desde esa fecha".[74] La queja elevada por el director de prisiones no era realmente por el excesivo número de prisioneros (algo que parece que no le molestaba en absoluto) si no por el excesivo retraso que llevaba el ritmo de los juicios y sentencias, llegando a lamentar que no hubiera un número suficiente de jueces.

Otras investigaciones, basadas en datos obtenidos en fuentes diferentes al Patronato General para la Redención de Penas por el Trabajo, establecen unas cifras de presos mucho más elevadas. Según el *Breve Resumen de la obra del Ministerio de Justica por la Pacificación Espiritual de España de 1946*, consultado por el historiador Francisco Moreno, el número total de presos en 1940 era de 280.000.[75] Por otro lado, el *Anuario Estadístico de España* cifra en 270.719 las personas presas en España a fecha de 1 de enero de 1940, cifra que es necesario incrementar con los 92.000 presos recluidos en los campos de concentración y Batallones de Trabajadores, por lo que la cifra total alcanzaría las 362.719 personas.[76] En este punto cabe mencionar que dentro de todo este conjunto de cifras queda excluido una parte de la población reclusa de las cárceles y campos constituida por la población infantil, la cual "jurídicamente no se consideraba como encarcelada, aunque viviese en las prisiones".[77]

Esta situación excepcional, con una masiva y creciente detención de presos llevó inexorablemente a la saturación de la infraestructura penitenciaria preexistente. Por citar algún ejemplo, Hernández Holgado[78]

---

74 PRESTON, Paul: *El holocausto español. Odio y exterminio en la guerra civil y después.* Barcelona, Random House Mondadori, 2011, pp. 658.

75 MORENO, Francisco: "La represión en la posguerra" en JULIÁ DÍAZ, Santos (coord.): *Victimas de la guerra civil.* Madrid, Temas de Hoy, 1999, pp. 277-406.

76 RODRÍGUEZ TEIJEIRO, Domingo: "Configuración y evolución del sistema penitenciario franquista (1936-1945)" en *Hispania nova: Revista de historia contemporánea.,* 7 (2007).

77 RIOS FRUTOS, Luis; MARTÍNEZ SILVA, Berta; GARCÍA-RUBIO RUIZ, Almudena y JIMÉNEZ, Jimi: "Muertes en cautiverio…" ob., cit., pp. 142.

78 HERNÁNDEZ HOLGADO, Fernando: *Mujeres encarceladas. La prisión de Ventas: de la República al franquismo, 1936-1941.* Madrid, Marcial Pons, Ediciones Historia, 2003.

establece que la madrileña cárcel de mujeres de Ventas fue diseñada para un total de 500 reclusas, cifra muy inferior a las más de 5.000 que fueron hacinadas. Por su parte, Francisco Moreno, en su obra ya citada, indica que en la ciudad de Jaén el número de presos en 1940 ascendía a 6.000 de los cuales 4.000 se encontraban recluidos en la prisión provincia cuyo aforo original estaba pensado en 80 presos. En el mismo trabajo se expone el caso de la localidad ciudadrealeña de Manzanares, cuya prisión del partido judicial contaba con 17 celdas con capacidad para entre 35 y 40 presos, llegando a contener más de 480 detenidos, lo que hizo necesario habilitar locales para llegar al total de 800 detenidos solamente en este pueblo. Como último ejemplo, la cárcel provincial de Ciudad Real estaba construida para albergar a 100 presos, sin embargo, llegó a hacinar "entre 1.300 y 2.200 personas. En total, entre 1939 y 1943, pasaron por allí más de 19.000 personas".[79] Esta insuficiencia de espacio llevó a las autoridades del nuevo régimen a habilitar como improvisadas prisiones y campos de concentración diversos inmuebles como escuelas, caserones particulares expropiados, o cines, y edificios de carácter religioso como conventos, iglesias y monasterios (caso de Uclés) que fueron transformados en muchos casos de manera apresurada para su incorporación a la red penitenciaria de todo el país.[80][81]

En este punto, uno de los términos utilizados y cada vez más aceptado en la actualidad es el de campo de concentración. Ante el gran aumento de presos debido a las detenciones masivas, los campos de concentración aparecieron muy pronto como solución para gestionar esta cuestión. La controversia de su utilización dentro del contexto de la guerra y posguerra española viene en parte debida a la identificación popular del término con el *Lager* alemán de la Segunda Guerra Mundial. Sin embargo, en este punto conviene recordar que la idea no es en absoluto ajena dentro del contexto español, ya que está documentado el uso de campos por iniciativa de Valeriano Weyler,

79 PRESTON, Paul: *El holocausto español...*, ob., cit., pp. 624.

80 RIOS FRUTOS, Luis; MARTÍNEZ SILVA, Berta; GARCÍA-RUBIO RUIZ, Almudena y JIMÉNEZ, Jimi: "Muertes en cautiverio..." ob., cit., pp. 142.

81 GÓMEZ BRAVO, Gutmaro: *El exilio interior...*, ob., cit.

pionero en su uso durante la Guerra de Independencia de Cuba a finales del siglo XIX.[82] En ese contexto se bautizaron como "campos de reconcentración"[83], de donde puede venir el nombre actual, aunque el propio Weyler llegó a calificar, en sus memorias, a la población de los campos como "concentrados".[84] Por su parte, Javier Rodrigo, en su obra citada anteriormente, realiza un estudio de los campos de concentración, en este caso centrándose casi exclusivamente en los creados por el bando sublevado durante la guerra civil y, sobre todo, durante la existencia de la Inspección de Campos de Concentración de Prisioneros, operativa entre 1937 y 1942. Más recientemente, Carlos Hernández de Miguel publicó su investigación sobre los campos de concentración del franquismo, cifrándolos en 303.[85]

La improvisación, fruto de un incremento rápido y desmedido de reclusos, llevo a una escasez de instalaciones y unas deficitarias condiciones en muchos de los nuevos edificios habilitados como cárceles. Vemos como esto derivó en unos entornos deplorables de higiene y salubridad, situación que ha quedado sobradamente reflejada en los testimonios que nos han trasmitido los supervivientes que estuvieron en estos lugares. Se trata de relatos que nos hablan de hacinamiento, frio, hambre, enfermedades y suciedad. Uno de estos testimonios es el de Andrés Iniesta López[86] quién sobrevivió al cautiverio en el Monasterio de Uclés.

Como cabría esperar, todas estas condiciones de vida en las prisiones junto con la nula determinación de las autoridades por mejorarlas,

---

82 PLACER CERVERA, Gustavo y PÉREZ GUZMÁN, Francisco: "Las campañas militares del general Valeriano Weyler durante la guerra de Cuba. Apuntes para una valoración histórica" en *Revista de historia militar,* 90 (2001), pp. 207-230.

83 LAWRENC, John: *War and genocide in Cuba, 1895-1898.* Chapel Hill, University of North Carolina Press, 2008, pp. 193-224.

84 WEYLER, Valeriano: *Memorias de un general.* Barcelona, Destino, 2003.

85 Junto con la obra anteriormente citada, Carlos Hernández de Miguel ha desarrollado una web con toda la información documentada sobre los campos de concentración del franquismo, así como un mapa con la localización de los mismos. http://www.loscamposdeconcentraciondefranco.es/

86 INIESTA LÓPEZ, Andrés: *El niño de la prisión.* Madrid, Siddharth Mehta Ediciones, 2006.

provocó una alta mortalidad entre la población reclusa. Concretamente "en 1941 el índice de mortalidad se disparó hasta cifras nunca conocidas en la historia penitenciaria de España".[87] Por citar algunos ejemplos, Francisco Moreno aporta datos basados en algunos de sus estudios a nivel provincial destacando casos como el de Almendralejo (Badajoz) donde en solo 16 meses fallecieron un total de 144 personas o el elocuente caso de Córdoba, cuya población reclusa en 1941 era de 3.500 personas, de las cuales 502 murieron por hambre y tifus. En el penal de Valdenoceda (Burgos) durante los cinco años que estuvo en funcionamiento, fallecieron 152 personas a causa de las condiciones de la vida en prisión.[88] En su investigación, Carlos Hernández de Miguel nos habla de "miles de muertos" en los campos de concentración del franquismo, destacando el caso de San Marcos, en León, donde fallecieron entre 1384 y 2952 personas entre "paseados", ejecutados y fallecidos por hambre y enfermedades.[89]

A la privación de libertad y paupérrimas condiciones de vida en las prisiones a las que se vieron sometidas numerosas personas hay que añadir otra nueva dimensión represiva de carácter ideológico y político dirigida a doblegar psicológicamente a la población reclusa. Esta tenía como objetivo la transformación y destrucción de la identidad del preso.[90] La idea de recuperar a los vencidos y atraerlos hacia los valores del nuevo estado constituyó uno de los objetivos del sistema penitenciario. Esta dimensión represiva, que transciendo en lo físico, fue uno de los fundamentos del entramado carcelario franquista. Así, la cárcel se erigió como un espacio de adoctrinamiento ideológico en el que la Iglesia Católica tuvo un papel central. Valga para ilustrar esta cuestión el caso

---

87   MORENO, Francisco: "La represión en la posguerra" en JULIÁ DÍAZ, Santos (coord.): *Victimas…*, ob., cit., pp. 294.

88   RIOS FRUTOS, Luis; MARTÍNEZ SILVA, Berta; GARCÍA-RUBIO RUIZ, Almudena y JIMÉNEZ, Jimi: "Muertes en cautiverio…" ob., cit., pp. 142.

89   HERNÁNDEZ DE MIGUEL, Carlos: *Los campos de concentración de Franco…*, ob., cit.

90   VINYES, Ricard: "El universo penitenciario durante el franquismo" en MOLINERO, Carme; SALA, Margarita y SOBREQUÉS, Jaume (eds.): *Una inmensa prisión. Los campos de concentración…* ob., cit., pp. 171.

de la prisión del Monasterio de Uclés, no solo ya por el simbolismo del propio edificio (un monasterio), sino por la presencia de un capellán con gran autoridad dentro de la cárcel.

La historia de la Prisión Monasterio de Uclés (Cuenca)

Quizá, en ocasiones, las fuentes orales han sido un elemento poco tenida en cuenta, o al menos no en su justa medida, siendo un pilar fundamental para el estudio y el conocimiento de la represión franquista y de los campos de concentración. Si bien es cierto que se trata de una fuente de información susceptible de sufrir contaminaciones ideológicas y lagunas derivadas por el tiempo transcurrido, el testimonio de estas personas es vital de cara a la reconstrucción histórica del pasado reciente, ya que aportan, en muchos casos, relatos presenciados directamente y una variante de los hechos que en bastantes ocasiones difiere del relato oficial. Alguien ajeno a los campos y presidios podría garantizar la subjetividad y la distancia emocional y afectiva necesaria, pero esa misma distancia le impediría conocer a la perfección la realidad subjetiva de los hechos. Una obra que aborde esta temática debe alejarse en la medida de lo posible de la subjetividad, pero al mismo tiempo abordar con entereza y abiertamente las experiencias personales teniendo en cuenta que, como afirma Viktor Frankl en obra *El hombre en busca de sentido*, "el verdadero peligro de un ensayo de esta índole no radica en que se detecte un enfoque personal, sino en que se escriba con un tinte tendencioso".[91]

Fuera de nuestras fronteras son muchos los casos de estos testimonios, sobre todo, relativos a los campos de concentración alemanes durante la Segunda Guerra Mundial, casos como los de Primo Levi[92], Helga Weiss[93] y Miklos Nyiszli[94] (entre muchos otros) o el testimonio,

---

91 FRANK, Viktor: *El hombre en busca de sentido*. Barcelona, Heder, 2015.

92 LEVI, Primo: *Si esto es un hombre*. Barcelona, El Aleph, 2016.

93 WEISS, Helga: *El diario de Helga. Testimonio de una niña en un campo de concentración*. Madrid, Sexto Piso España, 2013.

94 NYISZLI, Miklós: *Fui asistente del doctor Mengele. Recuerdos de un médico internado en Auschwitz*. Oswiecim, Frap-Book, 2011.

ya citado, de Viktor Frankl que incluso va a más allá de la simple narrativa de los hechos, analizando su estancia y la de sus compañeros en un campo de concentración desde el punto de vista que le da su condición de psiquiatra, trazando la psicología de sus vivencias.

En el caso español, la memorialística sobre este periodo se reduce en ocasiones a páginas sueltas en libros generales, como, por ejemplo, *Noticia de la negra nit. Vides i veus a les presons franquistes* (1939-1959), obra coordinada por Ignasi Riera[95] a través de la iniciativa de la Asociación Catalana de Ex Presos Políticos y publicado por la Diputación de Barcelona. El volumen recoge una veintena de voces de ex presos políticos en las cárceles franquistas, todos ellos miembros de la asociación, recogidas en entrevistas realizadas por sus mismos compañeros. La mayoría son antiguos activistas del PSUC, las JSUC y el PCE, pero también se recogen las de algunos anarquistas.

Sin embargo, en los últimos años la tendencia ha cambiado y el enfoque metodológico ha puesto su mirada sobre esta fuente histórica tan valiosa que representan los testigos directos de la guerra civil, la posguerra y la dictadura franquista. Así, nacen proyectos enfocados en recuperar su memoria como pueden ser, por citar algún ejemplo, *Memoria democrática de Castilla-La Mancha*[96], *Donantes de Memoria*[97], *Todos los Nombres*[98] o, fuera de nuestras fronteras, el *Spanish Civil War Memory Project*[99] de la Universidad de California, San Diego, Estados Unidos. Así mismo, se ha desarrollado una gran variedad y calidad de documentales que ponen el foco en la recuperación de la Memoria Histórica incluyendo el relato de las victimas y que constituyen igualmente un elemento muy valioso tanto científicamente como divulgativo.

---

95 RIERA, Ignasi: *Notícia de la negra nit: vides i veus aa les presons franquistes, 1939-1959.* Barcelona, Associació Catalana d'Expresos Polítics, 2001.

96 https://memoriademocraticaclm.uclm.es/

97 https://donantesdememoria.org/

98 https://todoslosnombres.org/

99 https://library.ucsd.edu/speccoll/scwmemory/about-esp.html

En algunos casos estas obras basadas en la experiencia personal abarcan todo un corpus memorial legado por el autor, como los testimonios de Nicolás Sánchez Albornoz[100] o el caso de Andrés Iniesta López. Este último resulta especialmente revelador para el conocimiento de la historia del Monasterio de Uclés en su fase de cárcel al servicio de la represión franquista, ya que relata con minuciosidad las vicisitudes personales y del resto de presos durante el día a día de su encarcelamiento en Uclés.

Andrés Iniesta López (nacido en Uclés el 10 de junio de 1921) no participó en la guerra civil, ya que al estallar el conflicto contaba solamente con 15 años y, por lo tanto, se pasó los tres años que duraron los combates en su localidad natal. El 5 de abril de 1939 fue detenido en Uclés a la edad de 17 años, comenzando así un calvario que le haría recorres varios penales, comenzado por el Monasterio de Uclés, y que duró hasta la obtención, el 19 de junio de 1958, del certificado de liberación definitiva.

Uno de los acontecimientos más destacados es el relativo al momento en que el Monasterio de Uclés deja de ser un hospital para pasar a convertirse en una cárcel, protagonizando así un cambio de uso drástico. Para este momento, la documentación conservada es exigua y poco esclarecedora, siendo el testimonio de Andrés Iniesta una de las pocas fuentes. Gracias a una encomiable memoria, nos narra cómo el 28 de marzo de 1939 a las "10 de la mañana en casi todos los balcones del hospital empiezan a aparecer sábanas blancas". En estos momentos la noticia acerca del final de la guerra se extiende rápidamente por el pueblo, hasta que a las "doce de la mañana: las banderas blancas son reemplazadas por la bandera roja y gualda, y la bandera de la República es retirada. La guerra ha terminado a favor de los sublevados".[101] Días después, tanto el pueblo como el propio monasterio fueron tomados por las fuerzas de ocupación, más concretamente por la 16ª Bandera del Tercio de la Legión.

---

100 SÁNCHEZ ALBORNOZ, Nicolás: *Cárceles y exilios*. Barcelona, Anagrama, 2012.

101 INIESTA LÓPEZ, Andrés: *El niño de la prisión*. ob., cit., pp. 22

Según su testimonio, "los del bando vencedor, camuflados en el hospital, se hacen dueños de la situación y nombran nuevo alcalde".[102] Esta información puede llegar a coincidir, en parte, con los testimonios que analizamos en el apartado anterior de la enfermera Nan Green acerca de la simpatía con el bando sublevado de médicos adscritos a hospitales republicanos.[103] En cuanto al nuevo alcalde del que nos habla Iniesta, se trata del Dr. Fernando García Librero, médico del hospital republicano y posterior médico del pueblo y primer alcalde franquista de Uclés. Otros dos ejemplos de estos sanitarios camuflados, o que pasaron al bando vencedor inmediatamente, son los que protagonizaron la detención de Pío Iniesta García, padre de Andrés, defensor de la Republica y alcalde de Uclés desde las elecciones de marzo de 1936. Fue detenido ese mismo 28 de marzo por "dos sanitarios del hospital, Orejas de Cochino y el Catalán Jorge, [que] se personaron en mi casa y se lo llevaron detenido".[104] Asimismo, la detención de Pío Iniesta queda documentada en la Causa General para el partido judicial de Tarancón[105]. Además de por el propio testimonio de Andrés Iniesta, sabemos por otras fuentes orales, así como por el registro de defunciones, que el hospital estuvo en funcionamiento, a pesar del final de la guerra, hasta finales de 1939, con un final más que probable entre octubre y noviembre de ese año, momento del traslado al Monasterio de Uclés de unos cinco mil conquenses, la mayoría de los cuales (caso de Andrés Iniesta), se encontraban ya retenidos en la vecina localidad de Tarancón. Según los datos ofrecidos por Iniesta, los primeros presos fueron trasladados el 7 de enero de 1940 cuando "llegaron a la prisión Monasterio de Uclés los compañeros detenidos en las prisiones de Huete, San Clemente, Motilla de Palancar y Belmonte".[106] En su caso, fue trasladado al día siguiente, junto con el resto de reclusos que se hallaban en Tarancón.

---

102 *Ibídem*, pp. 23.

103 PRESTON, Paul: *Palomas…* ob., cit., pp. 131.

104 INIESTA LÓPEZ, Andrés: *El niño de la prisión.* ob., cit., pp. 23

105 Accesible a través del Portal de Archivos Españoles: http://pares.mcu.es/ParesBusquedas20/catalogo/description/4600617

106 INIESTA LÓPEZ, Andrés: *El niño de la prisión.* ob., cit., pp. 33.

El día a día en la prisión, y esto es extensible a cualquiera de las cárceles de la posguerra, estaba marcado por tres elementos principales: el hacinamiento debido al excesivo número de presos, el hambre y la muerte. A pesar de que el monumental carácter del Monasterio de Uclés puede hacer pensar en lo contrario, el elevado número de presos provocó situaciones de verdadero colapso por la falta de espacio, ya que "solo disponíamos de baldosa y media para ello [extender el petate para dormir] y teníamos que dormir de lado porque boca arriba no cabíamos: en las salas estuvimos durmiendo en tres filas, dos contra las paredes laterales y otra fila en medio, tan solo separados por 10 centímetros".[107] Visto en planta, el monasterio quedó dividido en diferentes áreas: una zona reservada para las reclusas (Andrés Iniesta habla de 107), toda la parte de la fachada principal para el personal de prisiones y guardias y el resto para los reclusos, con especial interés en el ala oeste, desde la cual los presos podían ver el camino por el cual sus compañeros era llevados para ser fusilados. En cuanto al número de personas que llegaron a estar recluidas en el Monasterio de Uclés es de 631 en función a los datos consultados de la Causa General y los listados de defunciones. Este punto será abordado más en profundidad en el apartado relativo al estudio de la población reclusa.

Si las condiciones físicas de los presos derivadas del hacinamiento y junto con psicologías ante las atrocidades presenciadas fueran poco, el hambre causó estragos en la población reclusa. Esto era debido a una escasa y reducida dieta, cuyo único objetivo era que llegasen al mínimo calórico que garantizara la supervivencia de los presos. El historiador Ángel Viñas hace una síntesis breve, pero concisa y sin fisuras, en su texto *El lado negro del "Imperio" franco-falangista*[108]. Tras la exposición de testimonios, tanto individuales efectuados en su mayoría por observadores extranjeros, como mediante documentación oficial, Ángel Viñas nos muestra las duras condiciones de vida y el hambre entre la población española durante la Posguerra. Para ello centra el foco en los

---

107 *Ibídem*, pp. 35.

108 Accesible en la web del autor: https://www.angelvinas.es/?p=1058

presos, para los cuales se apoya también en datos recopilados por Francisco Moreno:

> *"Los informes sobre la dieta hipocalórica que se practicó, por ejemplo, en la cárcel de Córdoba son literalmente espeluznantes. Los reclusos debían "subsistir" con una dieta oficial de 800 calorías diarias pero que con frecuencia se reducía a 400. Los directores de la prisión y muchos de los carceleros, los médicos y los guardias (a veces identificados, para su eterna infamia, con nombres y apellidos) hacían su agosto con el estraperlo y las sisas a costa de los detenidos. Las condiciones sanitarias eran con frecuencia infrahumanas, comparables a las de los campos de concentración más duros del Tercer Reich y, en algunos casos, se acercaban peligrosamente a las de los campos de exterminio. La gente moría como moscas"*[109]

Estos datos son escalofriantes desde el punto de vista humanitario y sanitario provocando miles de muertes entre la población reclusa por enfermedades básicamente derivadas de la falta de nutrientes esenciales.

En el caso de Uclés, Andrés Iniesta nos cuenta cómo, ya desde el invierno de 1940 (el primero que pasaron en la cárcel), se empezaron a producir fallecimientos derivados del hambre, datos corroborados por la documentación recopilada por ARMHC y la posterior excavación arqueológica. Andrés Iniesta atribuye gran parte de la culpa de su supervivencia a hecho de haber encontrado una "alacena" en la puerta de la enfermería. La enfermería era el único lugar de la cárcel donde los presos "comían un poco menos mal".[110] A pesar de bautizarlo como alacena, el descubrimiento de Andrés Iniesta se basaba en "un gran cajón donde se depositaban los desperdicios de la enfermería: mondaduras de patatas, de nabos, de zanahorias, cortezas de naranjas, todo esto revuelto con gasas ensangrentadas y llenas de pus".[111] Tras buscar en dicho cajón, siempre conseguía algunos desperdicios, que junto con la ayuda

---

109 VIÑAS, Ángel: "El lado negro del imperio franco-falangista". https://www.angelvinas.es/?p=1058 9 de mayo de 2017.

110 INIESTA LÓPEZ, Andrés: *El niño de la prisión*. ob., cit., pp. 57.

111 *Ibídem.*

que le brindaban algunos compañeros por su corta edad, hicieron que Andrés Iniesta completara la dieta oficial formada por un caldo de calabaza aguado.

Si el hacinamiento, el hambre y las palizas en los traslados a declarar (y en el propio monasterio) no fueran suficiente, la población reclusa tuvo que enfrentarse a otro elemento que minó más aún su resistencia psicológica: la muerte. La evidencia de una muerte cercana, la incertidumbre de si uno mismo será el siguiente en ser nombrado y la presencia de la ejecución de amigos y familiares son vivencias en primera persona a las que se tuvieron que hacer frente diariamente los españoles que pasaron por la totalidad de las cárceles de la posguerra. El procedimiento, al menos en el Monasterio de Uclés, fue siempre el mismo. La tarde anterior a un fusilamiento se personaba en la cárcel el capitán del cuerpo jurídico militar de Aranjuez, que era el encargado de hacer llegar las sentencias ya confirmadas desde la capitanía general de la 1ª Región Militar. No tardaron mucho los presos en conectar la presencia de dicho personaje en los balcones, mientras ellos daban su paseo diario alrededor del aljibe del patio, con los fusilamientos que se producían al día siguiente llegando, por tanto, a averiguar el carácter y la función de dicho individuo al que conocían con el sobrenombre de "la zorra".[112] Por lo tanto, la llegada de este capitán general, unida al fusilamiento del día siguiente era el final de un tortuoso proceso, cuyo preludio era los Consejos de Guerra donde los presos eran juzgados. Andrés Iniesta narra cómo se desarrollaba el proceso dentro de la cárcel. En primer lugar, los guardianes se personaban en las salas donde dormían los reclusos para comunicar los nombres de las personas que al día siguiente irían a declarar. A su regreso, los presos condenados a fusilamiento debían subir a sus respectivas salas para recoger sus escasos bienes para posteriormente ser trasladados a la Sala 7, donde los presos se hacinaban esperando a que "la zorra" llegara con su destino firmado. Dicha sala, situada en los sótanos del Monasterio es de grandes dimensiones y "redonda como la cúpula de

---

112 *Ibídem,* pp. 44-47.

la iglesia […] solo veían la luz por un pequeño ventanuco situado a más de 10 metros de altura".[113]

El 28 marzo de 1940 tuvo lugar el primer fusilamiento en Uclés. Se trata de la ejecución mediante pelotón de fusilamiento de 5 presos, los cinco enterrados en el cementerio municipal de Santa Catalina y cuyos restos mortales fueron buscados en una intervención arqueológica previa a la llevada a cabo en "la Tahona". Por su parte, Andrés Iniesta nos narra los acontecimientos desde el punto de vista y la experiencia personal de los reclusos. Tras el toque de silencio del 27 de marzo "el Andaluz y el Gallego",[114] dos guardines de la prisión, se personan en la Sala 7 para sacar a los presos y conducirlos ante "un capitán jurídico militar de la Audiencia de Aranjuez y uno a uno fueron sacados para serle leída la sentencia en firme y firmada por el capitán general de 1ª Región Militar, dando el visto bueno al Consejo de Guerra que los había condenado a muerte"[115] Este procedimiento se habría de repetir en los demás fusilamientos llevados a cabo en la prisión. Una vez leída la sentencia, que les era entregada para ser firmada por el condenado, el siguiente paso en Uclés era ser conducido ante al capellán quien les ofrecía la posibilidad de confesarse, la cual otorgaba ciertas ventajas. Los cinco reclusos condenados -Alfredo Solera Martínez (Leganiel, Cuenca), Ángel Catalán Luzón (San Clemente, Cuenca), Lorenzo Martínez Olmedilla (Tarancón, Cuenca), Sebastián Fernández Martínez (Barajas de Melo, Cuenca) y Buenaventura Oliva Martín (Barajas de Melo, Cuenca)- fueron fusilados a las 6 de la mañana y enterrados en el cementerio de Santa Catalina. Este fusilamiento, que hacia efectiva por primera vez una situación que circulaba en boca de todos (reclusos y carceleros), puso a los presos de Uclés en contacto con una realidad atormentadora, la inminencia de su final frente a un pelotón de fusilamiento. En este punto queda quebrado el estado de ánimo conocido en psiquiatría como "ilusión del indulto", tratándose de un "proceso

---

113 *Ibídem*, pp. 38.

114 *Ibídem*, pp. 42.

115 *Ibídem*.

de consolidación que desarrollan los condenados a muerte antes de su ejecución; conciben la infundada esperanza de que van a ser indultados en el último minuto"[116] para pasar a una segunda fase caracteriza por una apatía generalizada y abatimiento de la esperanza llevando al preso a una "especie de muerte emocional".[117]

Estos cinco primeros fusilados fueron enterrados, como se ha comentado, en el cementerio de Santa Catalina. Sin embargo, en adelante se decidió (al igual que ocurrió durante la guerra con el hospital) que dicho espacio era insuficiente y no cumplía con las características deseadas. Por lo tanto, nuevamente se vuelve la mirada hacia el recinto de "la Tahona" ya que los propios carceleros conocían el uso que se le dio durante el conflicto bélico y, al igual que durante el hospital, valoraban la condición de intimidad relativa frente al pueblo que ofrecía dicho recinto. En consecuencia, se decide que esta área junto a la muralla califal va a ser nuevamente utilizada como cementerio, pero es en este momento cuando se toma la decisión de cerrar el recinto con una pequeña tapia similar a la conservada hoy día, la cual es una reconstrucción que sigue el trazado original. Una diferencia entre el muro actual y el original es la puerta de entrada al recinto, ya que la original no se encontraba en el muro este, si no en el pequeño muro de cierre del lado sur, más útil al llegar desde la zona elegida para los fusilamientos y que implicaría caminar sobre los restos de militares inhumados. Estas características junto con la evolución en el tiempo e interpretación del recinto de "la Tahona" se expondrán más detalladamente en el capítulo correspondiente.

Volviendo a la figura del capellán de la prisión del Monasterio de Uclés, este se convirtió en un célebre personaje dentro de los presos de este centro, además de entre los conquenses, ya que Niceto Lángara, que este era su nombre, acabó siendo párroco del pueblo una vez cerrada la cárcel, cargo del que fue echado tras varias protestas de

---

116 FRANK, Viktor: *El hombre en busca…, ob., cit.,* pp. 43.

117 *Ibídem,* pp. 53-55.

sus propios feligreses.[118] La presencia de un capellán en la cárcel no es simplemente fruto de que el edificio sea un monasterio, ya que se encontraban de igual manera en el resto de los centros penitenciarios. Su presencia atiende más a razones ligadas al adoctrinamiento característico del nuevo régimen instaurado en España tras la Guerra Civil. Ya durante el conflicto bélico, la jerarquía eclesiástica española se mostró favorable a la pena de muerte para sustentar la victoria franquista, guerra entendida desde el prisma de una Cruzada. Posteriormente, ya en la posguerra, la cabeza de la iglesia continúo avalando la campaña de justicia final de Franco adaptando el mensaje cristiano del perdón a la crudeza del castigo militar. Para profundizar más en esta cuestión contamos con estudios muy completos al respecto como son *La iglesia de Franco*, publicado por Julián Casanova Ruiz y dos obras de Gutmaro Gómez Bravo: *La redención de penas: la formación del sistema penitenciario franquista, 1936-1950* y *El exilio interior*.[119]

Una vez confirmada la sentencia de muerte, el preso de Uclés tenía la posibilidad de confesarse la noche antes, confesión que en su mayoría iba encaminada a reconocer los delitos que se le achacaban y por los que había sido condenado. El realizar esta confesión en ocasiones derivaba en varias ventajas para el recluso, de ahí que con el paso del tiempo dentro de la cárcel las confesiones fueran aumentando. Estos privilegios que se le ofrecían al preso una vez realizada la confesión no eran otros sino la posibilidad de un entierro algo más digno, ya que se le confeccionaba (por sus propios familiares o sus compañeros) un ataúd de madera (en el mejor de los casos) o, en su mayoría, reutilizando cajas de conservas, leche, etc. El segundo privilegio ofrecido por la confesión era la posibilidad de pasar esas últimas horas de vida junto con un familiar. Esta posibilidad llevó a un elevado número de presos a confesar, ya que eran muchos los casos de familiares directos que compartían presidio, como el ejemplo de Andrés Iniesta, con cuyo padre

---

118 INIESTA LÓPEZ, Andrés: *El niño de la prisión.* ob., cit., pp. 61.

119 CASANOVA RUIZ, Julián: *La iglesia de Franco*. Madrid, Temas de Hoy, 2001; GÓMEZ BRA-VO, Gutmaro: *La redención de penas: la formación del sistema penitenciario franquista, 1936-1950*. Madrid, Catarata, 2007 y GÓMEZ BRAVO, Gutmaro: *El exilio interior*. Madrid, Taurus, 2009.

compartió cautiverio. Estos privilegios, además de ser conocidos por las fuentes orales, como el caso de la obra de Iniesta fueron constatados arqueológicamente, como ya se expondrá con más detalle en el apartado correspondiente.

Otra de las formas de adoctrinamiento más comunes dentro de este tipo de regímenes fascistas es mediante la utilización de la música. Así, por ejemplo, esta constatado en el caso de los campos de concentración alemanes de la II Guerra Mundial, donde las marchas diarias (mañana y tarde) eran guiadas mediante música interpretada por la banda del campo. Así narra Primo Levi la influencia de esta música dentro del campo:

"Están grabada en nuestra mente, serán lo último del Lager que olvidaremos: son la voz del Lager [...] de la decisión ajena de anularnos primero como hombres para después matarnos lentamente. Cuando suena esa música sabemos que nuestros compañeros, afuera en la niebla, salen en formación, como autómatas; tienen las almas muertas y la música los empuja [...] y es un sustituto de su voluntad"[120]

Andrés Iniesta en sus memorias narra cómo, en el monasterio de Uclés, "todas las tardes nos hacían formar en las salas a toque de corneta, para luego bajar al patio y cantar el Oriamendi, la Marcha Real y el Cara al Sol, con el brazo en alto y contestando a los gritos del ritual".[121] Tras esto, tocaba recoger el cazo y formar para recibir la cena, tras la cual todos los presos formaban nuevamente en el patio para el recuento rutinario, que se realizaba cada mañana y cada noche, todo ello siempre bajo los acordes de una marcha militar que era interpretada por la banda de la prisión y cantar los mencionados himnos. Todo esto recuerda infinitamente al modo de proceder citado anteriormente en campos alemanes como Auschwitz, donde la banda de música acompañaba a los presos durante el camino al trabajo diario y de vuelta antes del recuento.

---

120 LEVI, Primo: *Si esto es un hombre*, ob., cit., pp. 54.

121 INIESTA LÓPEZ, Andrés: *El niño de la prisión*. ob., cit., pp. 39.

En cuanto al personal de prisiones encargado de la cárcel de Uclés, Andrés Iniesta nos habla de "más de 30 guardianes"[122] y de nuevo su memoria parece bastante precisa ya que, aunque la documentación conservada no es excesiva, sí que contamos con algunos partes puntuales conservados en el Archivo General de la Administración (AGA) en Alcalá de Henares, que cifran el total del personal de prisiones destinado en Uclés. Así, según el parte del 6 de febrero de 1941, "don Alejandro Álvarez Alonso, subdirector en funciones de la prisión central del monasterio de Uclés certifico: que los funcionarios que constituían la plantilla de este establecimiento el día 19 del mes de enero próximo pasado (1941)"[123] son un total de 38 entre 25 y 54 años de edad con los siguientes cargos: dos jefes de servicio de habitación, dos oficiales, nueve oficiales provisionales, veinticuatro guardianes interinos y un guardián.

En otro de dichos partes, firmado de nuevo por el subdirector Alejandro Álvarez y referente a los servicios para el día 19 de enero de 1941, la plantilla es de 36 personas distribuidas en 11 oficiales y 25 guardias.[124]

Otro de los aspectos interesantes es el servicio nocturno, es decir, los turnos de guardia que debía de hacer el personal de la prisión. Solamente se ha documentado un registro de dichos turnos, que nos puede servir de ejemplo para ilustrar el modo de proceder en Uclés. En dicho documento quedan reflejados los funcionarios que prestan servicio la noche del 19 de enero de 1941, siendo un total de 12 formado por 2 oficiales y 10 guardias. Los dos oficiales se reparten uno como jefe de servicios (Don Pascual Malo Zarco) y el otro en cocina. "El servicio nocturno se divide en dos cuartos: el primer cuarto va desde las 19:30 a las 2 y el segundo cuarto desde esta hora hasta diana, verificándolo cinco funcionarios en cada turno".[125]

---

122 *Ibídem*, pp. 32.

123 AGA (7) 15.3 41/11933.

124 *Ibídem*.

125 *Ibídem*.

Una de las maneras de actuar más controvertida de los centinelas encargados de la vigilancia de la prisión era la disparar contra las ventanas de las salas de reclusión de los presos. Estos disparos aislados se solían realizar o bien en algún momento al azar durante la noche, pero, sobre todo, en el momento en el que los presos que iban a ser fusilados caminaban hacia el lugar de ejecución. Durante un breve periodo de tiempo los condenados eran visibles desde las ventanas, por lo cual, si algún familiar o compañero miraba por la misma para despedirse, se producían los disparos disuasorios. La primera víctima fruto de estos disparos fue Faustino Tirano Moreno, natural de Mota del Cuervo, fallecido el 22 de junio de 1940. Esta muerte está registrada por Andrés Iniesta además de por la documentación conservada en el Archivo Penitenciario de Cuenca, por lo que además sabemos que fue inhumado en Santa Catalina. Lo más espinoso de este asunto es la recompensa que el centinela recibía por el buen servicio prestado, ya que el responsable de la muerte de Faustino recibió veinte duros y un mes de permiso, provocando esto un efecto llamada entre sus compañeros que ocasionó la muerte de otros tres presos más, Bartolomé Poveda del Pozo de Huelves, Emilio Pérez Fernández de Tarancón y Benito de la Fuente Medina de Zarza de Tajo.

Una de las cuestiones que Andrés Iniesta no menciona en el relato autobiográfico de su paso por la prisión del Monasterio de Uclés es la colaboración de los presos en las diferentes tareas ordinarias llevadas a cabo diariamente en la cárcel. Este mecanismo es común en las prisiones, contando con varios ejemplos tanto nacionales como fuera de nuestras fronteras.[126] Entre la documentación consultada en el AGA apareció un documento en consonancia con esta cuestión, al tratarse de la "relación nominal de los reclusos que han desempeñado "destino" durante el mes expresado, designados con arreglo a lo dispuesto en la orden ministerial de 27 de diciembre de 1938 y formulada de conformidad con la circular de 24 de febrero de 1940 e instrucciones complementarias".[127]

126 GÓMEZ BRAVO, Gutmaro: *El exilio interior…*, ob., cit.

127 AGA (7) 15.3 41/11933.

En la siguiente tabla, confeccionada a partir de la información consultada en el AGA que acabamos de citar, se puede consultar los datos de los presos que desempeñaros diferentes tareas en la cárcel. En algunos casos, dichas tareas se correspondían con la profesión que desempeñaban antes de entran en el Monasterio de Uclés:

Nº	Nombre	Destino	Profesión en la calle
1	Almansa Esteso Bernabé	Cocina	Chófer
2	Almagro Tello mariano	C. Redención	Estudiante
3	Alcázar Ortiz Rafael	Médico auxiliar	médico
4	Alarcón Grande Jesús	Escuela	Maestro Nacional
5	Aparicio de la Cruz Zacarías	Escuela	Maestro Nacional
6	Aparicio García José	Cocina	Capataz
7	Arribas Arribas mariano	Cocina	Labrador
8	Arribas Martínez José	Cocina	Campesino
9	Bermejo Moya Amós	Limpieza	Labrador
10	Brox Parra Luis	Limpieza	Albañil
11	Buedo Buedo Ramón	Limpieza	Cartero
12	Buedo Domingo Juan	Limpieza	Jornalero
13	Collado Mena Cayo	Limpieza	Jornalero
14	Cruz Clemente de la	Limpieza	Industrial
15	Díaz Romeral - García Gervasio	Escuela	Maestro Nacional
16	Dios López Basilio de	Limpieza	Jornalero
17	Fernández Cuenca Fidel	O. Oficiales	Zapatero
18	Gómez Collado Florencio	Limpieza	Jornalero

Nº	Nombre	Destino	Profesión en la calle
19	Guijarro Martínez Miguel	Limpieza	Vendedor ambulante
20	Jiménez Rubio Pedro José	Economato	Industrial
21	Lara García Julián Félix	Escuela	Maestro Nacional
22	Martínez García Francisco	Director Banda	Zapatero
23	Medina Rodríguez Benito	Limpieza	Relojero
24	Pérez Saiz Severiano	Limpieza	Labrador
25	Santiago Jiménez Enrique	Limpieza	Labrador
26	Vera Gómez Pedro	Limpieza	Guarda Forestal
27	Villanueva Oñate Santiago	Practicante	Practicante

En último lugar dentro de la documentación recopilada en el AGA aparece el registro del expediente de dos presos del Monasterio que en la noche del 19 al 20 de enero de 1941 consiguieron fugarse de la prisión. Se trataba de los reclusos Santos Villaescusa Bricio y Felipe Feijoo García, naturales de Torrejoncillo del Rey y Saelices, respectivamente. El primero en ser detenido fue Felipe Feijoo, detenido en Saelices (pueblo distante solo 8 km de Uclés) al ser descubierto tras seguir a su mujer llevando ropa y alimentos al escondite del prófugo. Santos Villaescusa también fue detenido pocos días después en su intento de llegar hasta la zona levantina[128]. Dicho incidente también es narrado por Andrés Iniesta que ofrece datos del castigo que sufrieron los presos una vez devueltos a la prisión, donde fueron encerrados juntos en la celda de castigo y "tres meses pasaron en aquel agujero, y cuando salieron ni veían ni sabían ya andar, igual que le ocurrió a mi padre, y tuvieron que sostener sus cuerpos con unos improvisados bastones"[129].

---

128 *Ibídem.*

129 INIESTA LÓPEZ, Andrés: *El niño de la prisión.* ob., cit., pp. 117.

En último lugar dentro del análisis de la obra de Andrés Iniesta, que tan bien nos ha servido para entender el funcionamiento y las vivencias en la prisión del Monasterio de Uclés, nos encontramos con los hechos cercanos al momento en que se puso fin a dicho destacamento penal. El 1 de junio de 1942 le fue arrebatada la vida a Maximiano Elvira Coso, el último de los presos que fue fusilado en Uclés (información nuevamente corroborada por los datos obtenidos por ARMHC). En este caso no se trataría de una ejecución más, sino que tuvo un carácter simbólico ya que el preso era natural de Tribaldos, una localidad solamente separada por 3 kilómetros de Uclés y que en el momento del fusilamiento celebraba sus fiestas patronales en honor a Santa Ana.

En enero de 1943 quedarían confirmados los rumores que se venían propagando desde unos meses antes: los presos del Monasterio de Uclés iban a ser trasladados ante el inminente cierra de la prisión. Según el testimonio de Andrés Iniesta, el 8 de enero salió el primer grupo de presos trasladados, que, tras hacer escala para pernoctar en Tarancón, fueron llevados al penal de Ocaña. El propio Iniesta realizó el mismo traslado unos días después, el 27 de enero[130]. Este cambio de penal fue efectivo para aquellos reclusos cuya condena era de cárcel (caso de Andrés Iniesta) no siendo así para los presos condenados a muerte, quienes fueron trasladados directamente a Cuenca para llevar a cabo su ejecución. Se ponía así final a tres años de prisión en el Monasterio de Uclés.

Estudio de la Prisión del Monasterio de Uclés a través del registro de fallecidos

Al igual que ocurrió con la documentación registrada de la época de hospital, a la hora de cotejar los registros de la prisión en el Archivo Histórico Provincial de Cuenca (AHPCu) y el Archivo Penitenciario de Cuenca, se obtuvieron varios listados de personas que habían fallecido durante su cautiverio junto con datos como la fecha de defunción, la localidad de procedencia o alguna filiación familiar o datos profesionales. Esta labor, realizada por ARMHC, dio como resultado dos listas, una de ellas con los datos de los presos fusilados con un total de 158

---

130 *Ibídem*, pp. 140.

personas y una segunda relación de nombres en este caso de presos que fallecieron en la cárcel por "motivos naturales", lista que incluye 154 nombres. Como todo proyecto de Memoria Histórica encaminado a la recuperación de cadáveres con el objetivo de ser devueltos a sus familiares, una vez confeccionado el listado de personas que fallecieron en Uclés, el siguiente paso fue la realización de entrevistas familiares para recopilar datos válidos para las posteriores identificaciones. Además del estudio de fuentes archivísticas, el propio Andrés Iniesta finaliza su obra con un listado con datos esclarecedores de compañeros fusilados, con nombres, apellidos, fecha de defunción y localidad de procedencia. Al cotejar esta información con los datos del archivo las coincidencias son totales, además de complementarse unos a otros.

Comenzando el estudio por el listado de los presos fusilados, el mismo a su vez queda subdividido en dos listas más que se han venido a denominar de laicos y confesos. Estas dos listas incluyen a reclusos fusilados pero la diferencia viene marcada por la decisión del preso de realizar confesión católica frente al capellán de la cárcel en el momento previo a su ejecución. Esta decisión marcaba el posterior trato para/con el preso, desde la utilización de ataúd o no, la manera de ser inhumado o incluso la zona del cementerio a ocupar. En el caso de los fusilados laicos el número total es de 74 y de los confesos es de 84.

En el capítulo correspondiente se ampliará el estudio de la población reclusa del Monasterio de Uclés, ya que con los datos obtenidos de la excavación se puede ampliar la información puramente archivística y testimonial, creando así un corpus mucho más rico y completo, con datos acerca de la procedencia, fechas de fusilamientos, profesiones, grupos de edad, materiales asociados, etc.

1.3 El Monasterio de Uclés y la Instrucción C-4 (modificada)

El 12 de febrero de 1941 el Estado Mayor Central del Ejército dictó la Instrucción C-4 la cual estaba encaminada en organizar, estructurar y atender la frontera pirenaica entre España y Francia en el contexto de la II Guerra Mundial ante la entrada en territorio español de refugiados europeos que huían del conflicto. Posteriormente, el mismo organismo que la dictó se vio obligado a modificarla el 17 de febrero de 1944, ante el cambio en el panorama internacional europeo, más concretamente la ejecución de los planes anglosajones en Francia. Dentro del contexto de esta investigación, se ha tenido acceso a la documentación conservada en el Archivo General Militar de Ávila de dicha Instrucción C-4 (modificada) debido a su vinculación con el Monasterio de Uclés[131].

La Instrucción C-4 (modificada), cuyo objetivo principal era la vigilancia de la frontera pirenaica fue promulgada, como decíamos, el 17 de febrero de 1944 y consta de 11 apartados. El organismo que la confeccionó fue el Estado Mayor Central del Ejército y está firmada por Rafael García-Valiño y Marcén, General Jefe de dicho cuerpo.

Rafael García-Valiño nació en Toledo en 1898 en una familia de tradición militar lo que le llevó a ingresar en la Academia de Infantería e incorporarse al Ejército español en África. Veterano de la guerra del Rif, durante la guerra civil combatió en el bando sublevado en alguna de las principales campañas como Teruel, Aragón, Levante, Ebro o Cataluña, entre otras. Hombre de confianza de Franco, al acabar la guerra ya ostentaba el cargo de General y durante la dictadura franquista llegó a ejercer en puestos de alta responsabilidad como General Jefe del Estado Mayor del Ejército entre el 3 de septiembre de 1942 y el 24 de marzo de 1950[132].

Volviendo a la Instrucción C-4 (modificada), como decíamos se encuentra estructurada en 11 artículos. En dicho ordenamiento se establece que serán los Capitanes Generales de la Regiones 4ª, 5ª y 6ª quienes se encarguen de la vigilancia pirenaica (incluso se les otorga jurisdicción sobre Guardia Civil, Carabineros y Policía) y así mismo

---

131 AGMAV, C.20904,6 / J_AGMAV, DOC 20904, 00006, 00003 – 00023.

132 ALÍA MIRANDA, Francisco; DEL VALLE CALZADO, Ángel Ramón y MORALES ENCINAS, Olga M.: *La guerra civil en Castilla-La Mancha, 70 años después*. Cuenca, Servicio de Publicaciones de la Universidad de Castilla-La Mancha, 2008, pp. 1081 y BARDAVÍO, Joaquín y SINOVA, Justino: *Todo Franco. Franquismo y antifranquismo de la A a la Z*. Barcelona, Plaza & Janés, 2000, pp. 297.

determinen, según su criterio y capacidad, cual ha de ser la franja de tierra que se considere como fronteriza a efectos de vigilancia. El tercero de los artículos establece la organización que esta vigilancia fronteriza ha de tener, marcando un primer cordón de vigilancia "con el fin de impedir el paso a España de huidos o sospechosos cuya documentación no se halle en regla" y un segundo nivel formado por una línea de cabeceras de unidad situada más en retaguardia y formada por reservas móviles. Uno de los artículos más interesantes es el 9º según el cual: "en las Regiones IV, V y VI se organizarán campos de concentración lejos de la frontera, en lugares de fácil vigilancia, para los huidos extranjeros, con separación de los establecidos para los nacionales". De una primera lectura a este artículo podemos sacar dos conclusiones, la primera, la predisposición de la jefatura del Estado Mayor Central del Ejército (y por ende del régimen) a la creación de campos de concentración para internar a ciudadanos europeos y, en segundo lugar, la existencia de estos campos para población española y de los cuales los nuevos campos debían estar separados.

Con el objetivo de hacer cumplir este noveno artículo de la Instrucción C-4 (modificada) se acordó llevar a cabo una serie de visitas a diferentes puntos. Estas inspecciones debían analizar diferentes parajes o edificaciones potencialmente útiles para su uso como campos de concentración en virtud a lo solicitado. Dentro de este contexto, el 27 de julio de 1944 se ordenó efectuar una visita al Monasterio de Uclés para analizar las "posibilidades para convertirlo en un campo de concentración" así como informar "de las obras que sea preciso ejecutar"[133]. La inspección se realizó ese mismo 27 de julio por el Teniente Coronel Arturo Ureña Escario cuyo informe, fechado el 5 de agosto de 1944 fue remitido al Ministerio del Ejército.

En su informe Arturo Ureña presenta el Monasterio de Uclés como "una edificación sólida y amplia" cuyo estado general es "bueno, a excepción de sótanos que se encuentran en estado ruinoso" pero cuyo estado no supone peligro para la estructura del edificio. Aunque cita el

---

133 AGMAV, C.20904,6 / J_AGMAV, DOC 20904, 00006, 00003 – 00023.

estado general como bueno, Arturo Ureña habla de suciedad y deterioro que el mismo atribuye al "mal trato sufrido durante el periodo rojo, por el hospital allí instalado y después de la Liberación por la cárcel establecida".

En cuanto a las obras necesarias, Ureña precisa que los servicios estaban inutilizables, la instalación eléctrica era necesaria su renovación, había que suprimir varias goteras y los tabique debían ser picados y levantados de nuevo.

En lo referente al agua corriente, según el testimonio de Antonio Ureña en su informe, el pozo situado en el patio central del monasterio estaba obstruido y sus canalizaciones precisaban de una reparación. Así mismo, considera este pozo como insuficiente para abastecer todo el edificio siendo preciso hacer la conducción de agua desde el pueblo "que parece estuvo ya proyectada e incluso tendida la tubería en la época en que fue prisión y que al cesar esta retiraron". Como hemos visto con anterioridad, esta tubería que abastecía al monasterio de agua desde Uclés fue construida para el establecimiento en el edificio del hospital de sangre republicano durante la guerra y no para la prisión de posguerra como afirma Antonio Ureña en su informe.

En cuanto a la capacidad de alojamiento Antonio Ureña la cifra en "1.500 hombres" tras reservar "la planta baja para servicios e instalaciones generales y construyendo unos dormitorios generales en el resto con camas reglamentarias de tropa". Esta cifra de 1.500 personas podría ser doblada si "se colocaran iteras de dos plazas".

Antonio Ureña finaliza su informe con dos aspectos, en primer lugar, el importe que calcula que podría suponer el realizar las "obras indispensables" para poner en marchar el campo de concentración en el Monasterio de Uclés. Dicho importe lo calcula entre 1.000.000 y 1.250.000 pesetas "sin utilizar ni reconstruir, por tanto, los sótanos y la Iglesia". Por último, el informe deja por escrito que las llaves del monasterio están en posesión del párroco del pueblo (aunque no cita su nombre sabemos que era Niceto Lángara) quien le indicó que "el monasterio había sido entregado al Obispado y estaba destinado a Seminario Menor y decretada su total reconstrucción, hecho el proyecto y se pensaba empezar las obras inmediatamente".

Finalmente, el Monasterio de Uclés no fue incluido en esta red de campos de concentración que se crearon en virtud a lo establecido en la Instrucción C-4 (modificada) de 17 de febrero de 1944. Por su parte, como afirmaba el párroco del pueblo, más tarde si que fue establecido un Seminario Menor en el monasterio. ▌

2. Exhumación arqueológica de "la Tahona" de Uclés

En el siguiente apartado se pretende realizar un acercamiento a las principales cuestiones metodológicas que están detrás de la puesta en marcha, desarrollo y conclusión del proyecto que llevó a la exhumación de 429 personas en el recinto de "la Tahona". Se ha tratado de resumir y hacer este punto lo más dinámico y comprensible para el lector en general, de ahí que para profundizar en estas cuestiones nos remitimos a la tesis doctoral del autor, de la cual parte esta obra.

2.1 Proyecto "la Tahona"

La exhumación de la totalidad de los restos enterrados en el improvisado cementerio de "la Tahona" de Uclés se desarrolló en el marco de un proyecto con múltiples protagonistas y distintas fases bien diferenciadas. A continuación, en este punto se tratará aspectos puramente organizativos y estructurales a la hora de abordar un proyecto arqueológico, como son el origen del proyecto, las entidades vinculadas, los objetivos, las fases de desarrollo y el equipo.

Una vez abordadas estas cuestiones, se expondrá la metodología utilizada, tanto en la excavación arqueológica como en los trabajos de laboratorio en el Laboratorio de Arqueología Forense de la Universidad Autónoma de Madrid (LafUAM).

2.1.1 Origen del proyecto y entidades vinculadas

El principal objetivo de este proyecto, que más adelante se expondrá, nace del derecho y la necesidad de una serie de personas a la recuperación de los restos mortales de sus seres queridos, inhumados irregularmente en "la Tahona", para formalizar un entierro digno cerrando así el proceso de duelo. Por lo tanto, será al calor de los nuevos movimientos para la recuperación de la Memoria Histórica que comienzan a surgir en la primera década del siglo XX, cuando un grupo de familiares conquenses, sabedores de la presencia de sus parientes en el sitio en cuestión, deciden constituirse como asociación, al igual que se venía haciendo en otros sitios de España e incluso a nivel nacional. El primer paso es el de ganar cohesión, entidad y visibilidad de cara a desarrollar un proyecto encaminado a recuperar a sus familiares. Con dicha meta en el horizonte, así como muchas otras de índole similar, nace el 24 de junio de 2004 la Asociación para la Recuperación Histórica de la Provincia de Cuenca (ARMHC), constituyéndose como entidad al amparo de la Ley Orgánica 1/2002, de 22 de marzo, y normas complementarias, con capacidad jurídica y plena capacidad de obrar, careciendo de ánimo de lucro.

La ARMHC mantiene un carácter independiente y local circunscrito a la provincia que le da nombre, pero como no podía ser de otra manera, se encuentra, de facto, bajo el paraguas e influencia de la ARMH nacional.

Una vez constituidos como asociación y con el firme propósito de recuperar a sus familiares, el siguiente paso es la elaboración de un proyecto multidisciplinar mediante el cual vertebrar todas las fases de investigación y trabajo, así como crear la red de acuerdos y convenios necesarios para la realización y financiación del mismo. Las fases del proyecto se expondrán con precisión más adelante, pero a grandes rasgos se pueden resumir en tres: documentación previa, exhumación arqueológica y trabajo de laboratorio. Como se puede observar, estas fases no difieren en demasía de las realizadas en una excavación arqueológica de cualquier otro periodo o cronología, aunque en nuestro caso la manera de abordarlas y la metodología será diferente en cuanto al uso de las características propias de un proyecto de Arqueología Forense. En resumen, se trata de un proyecto cuyo principal objetivo es la exhumación de las fosas comunes e individuales del recinto de "la Tahona" de Uclés, promovido por los familiares de los fallecidos y represaliados, coordinado por ARMHC y con la dirección científica del Laboratorio de Arqueología Forense de la Universidad Autónoma de Madrid.

Para la primera etapa del proyecto, la fase previa de búsqueda, recopilación y procesamiento de información acerca de los hechos acaecidos en el periodo y sitio que nos ocupa, se firmó un convenio que vinculaba a ARMHC con la Universidad Autónoma de Madrid y ambas con el Ministerio de Defensa. Mediante este acuerdo se estableció un convenio de colaboración entre las diferentes partes para la recuperación de la Memoria Histórica de Cuenca mediante la identificación de fondos de dicha provincia en el Archivo del Tribunal Militar Territorial 1º, depositados en el Archivo Histórico de Defensa. Este convenio será de vital importancia ya que permitió que personal designado por la ARMHC y la UAM pudiera acceder a los documentos relativos a las Causas Judiciales de la Guerra Civil y la Posguerra conservadas en dicho archivo, realizando una recogida de información que permitió cotejarla con los expedientes familiares, creando así unos listados volcados en una base de datos con toda la información existente sobre los hechos y las personas que ocuparon el Monasterio de Uclés durante los años en cuestión.

Una vez completada la labor previa de búsqueda de información y confección de la base de datos resultante, se inició la segunda fase, es decir, el proyecto de exhumación arqueológica. Para la puesta en marcha de un proyecto de este calibre, se hace de nuevo necesaria toda una red de convenios, autorizaciones y acuerdos con las autoridades competentes afectadas, siendo para el caso de la exhumación, la Junta de Comunidades de Castilla-La Mancha (Consejería de Cultura y Dirección general de Patrimonio), la Diputación Provincial de Cuenca, el Obispado de Cuenca y el Ayuntamiento de Uclés. A cada una de las entidades anteriormente citadas se le solicitó y comunicó según sus posibilidades y sus atribuciones.

En el caso de la Junta de Comunidades, las entidades interesadas son Sanidad, Interior y Cultura. En cuanto a la primera de ellas, la Delegación Provincial de Cuenca tuvo que dar el oportuno permiso de exhumación de los restos, así como exonerar de las tasas de traslado de los mismos. En cuanto a Interior, le fueron solicitados los permisos correspondientes, así como, en su grado de organismo referencial, la facilitación y coordinación de los interesados y de los organismos que tuvieron que ver con todo el proceso. En cuanto a Cultura, se le solicitó la creación de un "Memorial de los represaliados en Uclés (1939-1942)". En el marco del convenio existente entre Cultura y el Servicio Público de Empleo de Castilla-La Mancha (SEPECAM) se solicitó la contratación de un número reducido de peones (número que varió entre 8-12 según la campaña) para la colaboración con las tareas no especializadas como el desbroce o la remoción manual de tierra durante las exhumaciones.

En cuanto a la Diputación de Cuenta, le fue solicitada una dotación económica a través de una subvención para financiar los trabajos de excavación, así como la ayuda para retirar todo el volumen de tierra una vez acabada la exhumación. El Obispado de Cuenca es una parte muy interesada en la exhumación, tanto por razones históricas como legales y económicas. Se le liberó de un espacio amortizado en el interior del recinto del Monasterio del que no podían disponer anteriormente habida cuenta de la naturaleza de los restos allí conservados, por lo tanto, su implicación se pensó que debía de ir algo más allá del simple permiso para excavar, del nihil obstat pasivo. Por lo tanto, al Obispado se le solicitó que, a través del Monasterio, proporcionara el lugar de estancia para el equipo de la exhumación. Si bien es cierto, en el Monasterio se realizan cursos de verano, pero no es menos cierto que el edificio tiene la entidad y proporciones suficientes para compaginar simultáneamente personal de la exhumación y de los cursos.

En último lugar, el Ayuntamiento de Uclés es parte esencial en este proyecto, ya que en su figura recayó la autoridad de otorgar los permisos de extracción de los restos (además del pertinente de Sanidad), así como de traslado de los mismos. Además, el Ayuntamiento se implicó por diversas razones entre las que destacan, en primer lugar, su propio interés ya que a través del acuerdo citado anteriormente con el SEPE-CAM se dio trabajo a ciudadanos de la localidad. En segundo lugar, colaborando con la exhumación ayudaban activamente a la resolución de un problema evidente, en su término municipal se encontraba una acumulación de enterramientos potencialmente conflictivos, ya que los familiares se personaban en el lugar para vigilar su mantenimiento, realizar homenajes (rituales, florales, etc.) así como la continua demanda de recuperación de los mismos.

2.1.2 Objetivos

Se puede dividir en dos, en primer lugar, los objetivos principales y los propios del proyecto de exhumación del cementerio de "la Tahona" y, en segundo lugar, los objetivos derivados de dicha intervención arqueológica y que conforman la meta final de nuestra investigación.

Para la consecución de dichos objetivos se pretende organizar y estudiar toda la documentación arqueológica extraída de "la Tahona" así como toda la documentación testimonial y archivística, con el fin de abordarlo como un documento histórico, que puede sacar a la luz una gran cantidad de información de vital importancia histórica.

En primer lugar, referente al principal objetivo marcado, el proyecto arqueológico de la exhumación de los restos óseos contenidos dentro del recinto de "la Tahona" tiene un objetivo claro y principal: llegar al mayor número posible de identificaciones positivas para poder devolver los restos a los familiares que los reclamen. Este fin, claro y bien definido es el denominador común de cualquier proyecto de exhumación de restos óseos asociado a Memoria Histórica y Democrática, basado en la restitución del agravio cometido hace ya más de ochenta años, devolviendo así los restos óseos a unos familiares en un acto de reconciliación, desagravio y normalización social que ha resultado imprescindible en la España actual, así como restituyendo un derecho fundamental de dignificación de los fallecidos.

Debido a la entidad y a las propias características del proyecto que nos ocupa, tenemos varios objetivos secundarios que llevar a cabo. Se trata de parámetros más importantes desde el punto de vista histórico y arqueológico. A diferencia de otros proyectos de exhumación de fosas de la guerra civil y de la represión franquista basados en fosas aisladas, el caso de Uclés es diferente al tratarse de una fosa no solamente de fusilados o muertos durante la represión, sino que es la zona de enterramiento asociada a un lugar específico de internamiento, castigo y represión como fue el Monasterio de Uclés durante la posguerra. Junto a esto, "la Tahona" también fue, como hemos visto, el lugar de inhumación utilizado durante el la guerra civil cuando el monasterio ejerció como hospital de sangre. Por lo tanto, esto nos permite acceder una información de origen histórico que trasciende lo puramente testimonial o lo llamado memoria histórica. El objetivo es analizar la documentación de la excavación arqueológica de "la Tahona" como un documento arqueológico.

Para alcanzar de manera satisfactoria dicho objetivo, el proyecto de investigación ha de pasar por una serie de etapas derivadas de la historiografía y la metodología histórica y arqueológica. En primer lugar, procedemos a organizar la documentación extraída de la excavación. Se trata de un gran volumen de material compuesto por fichas y dibujos de campo. El modelo llevado a cabo fue la realización de una ficha de campo y dibujo por cada uno de los individuos exhumados. Aparte también se cuenta con las fotografías aéreas y planimetría.

En segundo lugar, se pretende alcanzar una delimitación del espacio ocupado por los muertos republicanos y del campo de enterramiento de la posguerra. El recinto de "la Tahona", como ya se ha comentado, fue utilizado durante las dos fases de ocupación del monasterio (hospital y cárcel), por lo tanto, se pretende llegar a una delimitación y distinción lo más precisa y certera posible de la separación entre estos dos momentos históricos.

En tercer lugar, a través del estudio del espacio se puede recrear el paisaje funerario analizando la posible repartición del espacio, la distinción de fosas comunes e individuales, las distintas fases, etc. De cara a completar este aspecto es vital el estudio de todos los enterramientos desde el prisma metodológico de la arqueología: tipología de enterramientos, distinción social, contenidos, enfermedades, estado, ajuares o pertenencias, valor simbólico de las mismas, simbología política oculta o escondida, etc.

En cuarto lugar, con todo lo anterior junto con la documentación archivística y testimonial se pretende alcanzar un estudio lo más completo posible de las condiciones, el día a día y la vida cotidiana durante ambas fases de ocupación del monasterio, es decir, de los enfermos y presos: condiciones sanitarias, técnicas sanitarias documentadas, vestimenta, trabajos ocasionales, jerarquía, nutrición, higiene, enfermedades y sus correlatos, creencias políticas o religiosas, protección entre los compañeros, etc.

2.1.3 Fases del Proyecto

Para llevar a cabo un proyecto de tal envergadura y alcanzar en el mayor grado posible los objetivos planteados, es necesario la vertebración del mismo en diferentes fases bien delimitadas y con el personal especializado en cada una de ellas. Tomado como ejemplo lo publicado por el médico forense el Dr. Francisco Etxeberria Gabilondo: "La investigación de una fosa de la Guerra Civil con restos humanos debería tener en cuenta los siguientes ámbitos de estudio:

a) Estudio histórico a través de fuentes documentales.

b) Recogida de testimonios relativos a los episodios.

c) Actuación arqueológica de recuperación de los restos.

d) Estudio antropológico de los restos.

Lo anterior requiere establecer mecanismos de coordinación entre técnicos de muy diversa procedencia"[134].

Una de las premisas que se tuvo claras desde el principio era la pretensión de excavar en su totalidad todo el recinto de "la Tahona", sin hacer mayor hincapié en alguna de sus zonas o fases de ocupación. Por lo tanto, un proyecto de semejante envergadura se planteó en diferentes fases a lo largo de varias campañas de trabajo.

La primera de las mismas hace referencia a la documentación. Esta parte del trabajo fue desarrollada por el personal de la Asociación para la Recuperación de la Memoria Histórica de Cuenca. Esta fase consiste en una búsqueda sistemática de toda la información referida a los hechos y a las personas que pasaron por el Monasterio de Uclés, tanto en la fase de hospital como durante el periodo de cárcel.

La búsqueda exhaustiva de información ha de realizarse siempre con carácter previo a los trabajos arqueológicos propiamente dichos. Se trata de una búsqueda tanto en los archivos locales como en los nacionales, así como las entrevistas orales con los familiares de las personas que pasaron por el recinto. En este caso también se pudo contar con el testimonio directo de un superviviente de la prisión de Uclés, D. Andrés Iniesta López, hoy fallecido pero cuyo testimonio fue de gran valor y utilidad junto con los datos que aporta en su libro *El niño de la prisión*.

El resultado de esta ardua labor de búsqueda intensiva de información se vio reflejado en la elaboración de dos listados de individuos. El primero se circunscribe a lo acaecido durante la guerra civil, en la fase de hospital, resultando por tanto un listado de individuos que fallecieron en el mismo, con nombres y apellidos y en algunos casos datos tan valiosos como la edad con la que fallecieron, la estatura o datos militares acerca de la unidad o puesto que ocupaban. El segundo de los listados

---

134 ETXEBERRIA GABILONDO, Francisco: "Panorama organizativo sobre Antropología y Patología forense en España. Algunas propuestas para el estudio de fosas con restos humanos de la guerra civil española en 1936.", en SILVA BARRERA, Emilio; SALVADOR, Pancho y ESTEBAN RECIO María Socorro Asunción: *La memoria de los olvidados: un debate sobre el silencio de la represión franquista*. Valladolid, Ámbito, 2004.

está confeccionado con los nombres y apellidos de las personas que fallecieron en el Monasterio de Uclés durante los tres años que funcionó como cárcel tras el final de la contienda. Aparte, también figura el lugar de procedencia, la edad de defunción y, en algunos casos, datos fisiológicos que pueden ayudar en el proceso de identificación como son las estaturas o algún tipo de enfermedad o patología que puedo haber sufrido la persona en cuestión.

Una vez concluida toda la fase de documentación, así como la confección del equipo y la solicitud de los permisos y trámites necesarios, se pasa al trabajo de campo. Esta segunda fase es la relativa, por tanto, a la excavación arqueológica, es decir, a la exhumación de los restos óseos. Debido a la entidad del proyecto y a las dimensiones del recinto, se proyectó una excavación arqueológica divida en tres campañas durante los meses estivales de los años 2005, 2006 y 2007. La metodología utilizada es la propia de la Arqueología clásica aplicando principios metodológicos exclusivos del campo de la Arqueología Forense. Todos los aspectos metodológicos referentes a este punto serán detallados más adelante.

En último lugar, tenemos el trabajo de laboratorio. Esta es la última fase a realizar para con los restos óseos extraídos durante la exhumación arqueológica. Esta fase fue llevada a cabo en las instalaciones del Laboratorio de Arqueología Forense de la Universidad Autónoma de Madrid (LafUAM). A su vez, podemos distinguir varios procedimiento o fases dentro de los trabajos de laboratorio:

a) Limpieza y catalogación y estudio de los objetos asociados.

b) Limpieza y documentación de los restos óseos.

c) Estudio antropológico de los restos óseos.

d) Extracción del material óseo necesario para las pruebas de ADN

Identificación. En este punto se cruzan los datos obtenidos de familiares y archivos con los derivados del estudio antropológico y ADN para

87

poder llegar a una identificación positiva del mayor número posible de individuos.

2.1.4 Equipo

El equipo que ha participado en las tareas de exhumación ha estado formado por más de un centenar de personas a lo largo de estos tres años. Entre ellos se puede distinguir entre el personal técnico propiamente dicho y el grupo más nutrido de voluntarios, en su mayoría estudiantes. Entre el personal cualificado se creó un equipo técnico de la exhumación con la finalidad de dirigir y supervisar todas las tareas de la misma, así como sus líneas generales y detalles de organización técnicos. Este equipo estuvo formado, por el Doctor Ángel Fuentes Domínguez como director técnico, como patólogo, el Dr. Joaquín de Lamo Rovira, médico traumatólogo y profesor ad honorem en el Departamento de Arqueología de la UAM, la Dra. Miriam Agudo Urbanos, médico psiquiatra y el Prof. Dr. Alejandro Baer, profesor del Departamento de Sociología de la Universidad Complutense de Madrid.

El equipo, pues, se basa en la existencia de varias áreas que se proyectan en la exhumación en actividades diferenciadas, al cargo de cada una de las cuales estaba uno de estos participantes. Las tareas de exhumación, de excavación, así como los protocolos y procedimientos y coordinación general estaban coordinados por el Dr. Ángel Fuentes, en calidad de arqueólogo forense, asumiendo, además, la tarea de coordinar todo el programa de excavación y documentación con los promotores del programa, ARMHC, que había encargado la exhumación.

Junto a la parte de exhumación y arqueología, la presencia del médico, como patólogo del proyecto tiene como misión, la de velar por el tratamiento correcto de los restos humanos, así como su análisis tras la excavación en orden a su identificación. La labor del psiquiatra ha sido la de llevar a cabo un seguimiento del personal envuelto en los trabajos de campo y de los familiares; especialmente durante el tiempo en que estuvo abierta la excavación.

La tarea del antropólogo fue de realizar las tareas que consideró necesarias para mejorar la calidad y cantidad de información procedente de familiares y testigos directos e indirectos de las circunstancias y personajes de "la Tahona". Si bien hay que decir que la parte más importante de este trabajo fue llevada a cabo simultáneamente a la excavación por voluntarios de ARMHC mediante el trabajo de campo exhaustivo.

Los protocolos internacionales de exhumaciones en materia de Derechos Humanos prevén la composición de equipos de trabajo de estas características, en las que los distintos campos de actividad estén representados y al cargo de profesionales especializados en cada uno de ellos, con una coordinación común.

En este caso nos ha parecido oportuno tomar en consideración las sugerencias de grupos internacionales y propuestas de modelo de actuación emitidas por organismos internacionales de Derechos Humanos, como, por ejemplo, Naciones Unidas[135].

2.2 Metodología

2.2.1 Metodología arqueológica

En principio una exhumación de estas características se rige por modelos metodológicos similares a los que se aplican en excavaciones arqueológicas convencionales y que están perfectamente descritos en los protocolos arqueológicos al uso en Arqueología Funeraria. Esencialmente la Arqueología Forense no es sino una especialidad de la Arqueología convencional con necesidades especiales y con objetivos, eso sí, netamente diferenciados.

No obstante, se ha hecho un hincapié muy fundamentado en adquirir un protocolo de intervención internacional en este campo, de manera

---

135 FONDEBRIDER, Luis y MENDONÇA María Cristina: *Protocolo modelo para la investigación forense de muertes sospechosas de haberse producido por violación de los Derecho Humanos.* Oficina del Alto Comisionado para los Derechos Humanos de las Naciones Unidas, 20001.

que se llegue a un estándar común aceptable por todos los equipos que trabajen en este campo de los Derechos Humanos.

Si bien en lo esencial no hay demasiadas diferencias entre los distintos modelos empleados y en uso en el mundo, hay algunas diferencias sobre todo en intensidad de la documentación dependiendo del protocolo que se considere, y debido a que pueden tratarse de intervenciones urgentes en contextos complicados o intervenciones con un horizonte menos apremiante, como es éste que tratamos.

En Uclés hemos tratado de ceñirnos a las especificaciones técnicas de los principales protocolos internacionales como son el de la Cruz Roja Internacional y su protocolo denominado 'The Missing'[136], Naciones Unidas o los equipos internacionales más activos, (como el argentino y el peruano) o los Protocolos de Minnessota, y de Estambul[137].

De esta manera creemos haber realizado una exhumación modélica desde el punto de vista formal y metodológico, perfectamente homologable en condiciones a lo que se está llevando a cabo en otros ejemplos bien conocidos y afamados del mundo. No obstante, se ha tratado de reforzar la parte metodológica de estos protocolos que queda en ocasiones algo desatendida en lo que se refiere a los requisitos de documentación exhaustiva que deben regir este tipo de intervenciones ya que están pensadas para situaciones extremas o límites, que no se cumplen de ninguna manera en este caso. Por nuestra parte hemos tratado de añadir esquemas y modelos de documentación mucho más detallada con un mayor aporte y riqueza de información recopilada y que se traduce en un enriquecimiento y rigor en la extracción de los restos, su tratamiento y su estudio posterior, así como la reconstrucción histórica de los acontecimientos acaecidos en el Monasterio de Uclés durante el período cronológico que nos ocupa.

---

136 https://www.icrc.org/en/doc/resources/documents/misc/5g4kdf.htm

137 NACIONES UNIDAS: "Protocolo de Estambul. Manual de investigación y documentación eficaces de la tortura y otros tratos o penas crueles, inhumanos o degradantes" en *Serie de capacitación profesional*, 8 (2004), Oficina del Alto Comisionado de la Naciones Unidas para los Derechos Humanos.

A lo largo de las dos campañas de exhumación del cementerio del pueblo de Valera de Arriba (Cuenca) durante 2003 y 2004 se formó y experimentó la mayor parte del equipo técnico que conforma el staff de esta exhumación. De la experiencia adquirida en esta exhumación, también de grandes dimensiones, nace un protocolo basado en los estándares internacionales, pero con aportaciones propias. Dicho protocolo incluye unos modelos de intervención y de documentación que uniformizan y regulan la extracción de restos y de información. Básicamente se enriquece con la inclusión de fichas de arqueología, en la que se establecen las relaciones entre elementos, a la manera moderna de hacerlo en excavaciones arqueológicas convencionales y que tan buenos resultados ofrece.

Junto con este protocolo exclusivamente arqueológico, se incluye un protocolo exclusivo para los restos óseos, con el fin de garantizar la uniformidad en la recuperación de restos humanos y su cuantificación. Las fichas utilizadas en la exhumación de Uclés se componen de cuatro hojas unidas a modo de cuadernillo. En cada una de las fichas se registra toda la información arqueológica y antropológica de cada individuo. Durante el proceso de exhumación los arqueólogos y voluntarios son los encargados de registras en las fichas todos los datos relativos a cada individuo, usando una ficha para cada individuo, de forma que varias fichas pueden componer una fosa. El sistema de registro está basado en un sistema numerario, formado por un número de tres dígitos (000) para nombrar a los individuos y un número de cuatro dígitos (0000) para registrar las fosas, siendo ambas numeraciones correlativas partiendo de cero. Al tratarse de una exhumación forense, el resto de hallazgos que pudieran ser susceptibles de dar unidades en otro tipo de intervenciones arqueológicas como pudieran ser muros, rellenos o unidades negativas fueron documentados, pero no serán objeto de exposición en estas páginas.

El recinto de "la Tahona", como ya se ha comentado, está ubicado en la ladera del cerro donde se alza el Monasterio de Uclés, en el recinto de la villa medieval y precisamente adosada parcialmente a la muralla califal del conjunto medieval. Por lo tanto, se ubica dentro de un conjunto arqueológico de primer orden. El principal objetivo de esta intervención es la localización y exhumación de individuos, sin embargo, es conveniente señalar que desde el primer momento se tuvo un cuidado extremo en no afectar estructuras, estratos o cualquier otro elemento arqueológico ubicado dentro del recinto de "la Tahona", quedando documentados arqueológicamente. Las autoridades arqueológicas regionales estuvieron en todo momento informadas del trabajo llevado a cabo, conociendo las fechas y naturaleza de la intervención de este proyecto, llegando a un acuerdo tácito de no intervenir sobre los posibles restos que no estuvieran alterados por las fosas. La experiencia del equipo arqueológico, tanto en este tipo de intervenciones como en otras de diferente índole histórico-arqueológica, permitió documentar suelos arqueológicos y niveles no afectados por las tumbas, llegando a niveles califales y medievales en general. Los materiales más significativos fueron llevados al Servicio de Conservación, Restauración y Estudios Científicos del Patrimonio Arqueológico, (SECYR) donde fueron limpiados y restaurados debidamente para su posterior entrega al Museo de Cuenca, cumpliendo así con los preceptivos legales.

Continuando con aspectos puramente metodológicos, también se abordó la documentación gráfica y metrología de los enterramientos, así como detalles del lugar, fosa o tumba, sus medidas, características internas y externas y la relación con las unidades vecinas, de cara a establecer las correspondencias posibles y relaciones entre cada una de las fosas o unidades con restos humanos para determinar la historia de la inhumación. En lo referido a la documentación gráfica, durante la exhumación arqueológica se estableció un protocolo de fotografía en campo que incluía una serie de fotografías tanto de inicio como de final de fosa, si hay presencia de ataúd, así como un registro exhaustivo del individuo una vez que el sedimento ha sido retirado. Podría sobrar el aclarar que el objetivo de estas fotografías no traspasa el puramente científico a fin de registrar todos los datos necesarios para su posterior estudio, sin embargo, sobran los ejemplos de una mala praxis entorno a este tema, apareciendo fotografías que rayan la falta de respeto para con los restos y los familiares, algo que en este caso se trato de vigilar celosamente.

Igualmente se incluye un protocolo de dibujos y referencias cartográficas sobre el enterramiento y lo que contiene, así como los objetos encontrados en su interior y aledaños. Fueron realizados un dibujo de planta de cada uno de los individuos exhumados y la fosa que los contiene en formato DIN-A4 y a escala 1:10. El objetivo de estos dibujos es complementar la información expuesta en las fichas y las fotos. En cada uno de ellos se señala todo aquello que el arqueólogo considera relevante en el contexto de la exhumación, como piedras, disposición del cuerpo, ubicación del material asociado, etc.

En cuanto al instrumental utilizado en las labores de exhumación, nos encontramos con dos tipologías distintas de herramientas dependiendo del proceso a llevar a cabo. En un primer momento la excavación ha de realizarse con material arqueológico clásico basado en instrumentales propios de una excavación arqueológica, es decir, herramientas de mano como piquetas, espátulas, paletas, paletines, etc. Este instrumental metálico es sustituido en el momento en el que se llega a nivel arqueológico con presencia de evidencias óseas, pasando a utilizarse herramientas confeccionadas en madera, las cuales no comprometen la integridad ni física ni biológica de los restos óseos.

Un buen conocimiento de la anatomía ósea humana es de gran utilidad a la hora de la identificación en la propia excavación del hueso hallado, su lateralidad o de la región del cuerpo en la que nos encontramos. Una vez alcanzado el nivel de enterramiento, como indica Israel Lara Barajas del Instituto Nacional de Antropología e Historia de México, "el hallazgo de dos o más huesos articulados no es indicativo de que se encontró un esqueleto completo, hay que recordar que cuando se trata de casos forense el tratamiento post mortem puede variar de acuerdo con la conducta del o los victimarios y siempre existe la posibilidad de descuartizamiento de la víctima, o bien se puede deber a procesos tafonómicos."[138] Esta última cuestión debe de estar presente en el caso que nos ocupa, ya que como bien sabemos, una de las zonas de nuestro yacimiento corres-

---

[138] LARA BARAJAS, Israel: *Fundamentos de Antropología Forense. Técnicas de prospección, exhumación y análisis de restos óseos en casos forenses.* Ciudad de México, Instituto Nacional de Antropología e Historia, 2009, pp. 48.

ponde con la fase de hospital militar, caracterizado por elevada mortandad y tratamientos quirurgicos como amputaciones.

Otro de los aspectos metodológicos a tener bien presente en una excavación arqueológica de estas características es el relacionado con los objetos asociados a los restos óseos (monedas, papeles, credenciales, ropa, armas, proyectiles de armas de fuego, objetos personales, etc.). En base a la metodología puramente arqueológica, cualquier objeto asociado debe ser referenciado y registrado en su contexto a fin de obtener la mayor información posible, ya que objeto fuera de contexto pierde su capacidad de generar información. Por lo tanto, todo objeto que pueda llegar a hallarse asociado al contexto de una exhumación debe ser debidamente referenciado y registrado ya que puede aportar datos relevantes acerca de la temporalidad o la posible identidad de la víctima.

Finalmente, una de las cuestiones metodológicas más importantes en cuanto al trabajo de campo hace referencia al almacenaje de los restos (óseos y materiales) procedentes de una exhumación. En base a lo estudiado en protocolos internacionales y puesto en práctica por el LafUAM, lo más indicado es guardarlos en bolsas de papel para evitar que la humedad que contienen los indicios formen hongos.[139] En nuestro caso, dichas bolsas de papel fueron confeccionadas a medida de lo deseado a través de rollos de papel inerte, evitando así daños físicos y contaminación biológica de los restos. A la hora del almacenaje se seguía acabo un protocolo por el cual se identificaban los restos contenidos en casa bolsa según la lateralidad, a fin de facilitar la labor posterior de estudio antropológico. También relacionado con esto y a modo de ejemplo ilustrativo de esta metodología de campo que aúna principios arqueológicos, antropológicos y forenses, siempre antes de la extracción de las costillas se procedía a marcar la cuarta de ambos lados ya que la inserción esternal de dicha costilla es de gran utilidad para la determinación de la edad osteológica y su identificación en campo puede ser más sencilla que en el laboratorio.

---

139 *Ibídem*, pp. 52.

2.2.2 Metodología en el Laboratorio

Una vez concluida toda campaña de excavación arqueológica durante los meses estivales el trabajo no ha finalizado, si no que da comienzo la fase de estudio de los materiales e interpretación de los datos obtenidos tanto en campo como en laboratorio. En un proyecto de estas características el material objeto de estudio no es otro que los restos óseos de cada uno de los individuos exhumados, así como el material asociado a los mismos, generalmente restos de indumentaria (zapatos y botones generalmente) u objetos personales como peines, gafas, lápices, o monedas, entre otros. En cuanto a este material asociado, fue debidamente fotografiado e inventariado en campo para su almacenaje siempre junto al individuo correspondiente para su posterior traslado al laboratorio, donde una vez ahí es limpiado, inventariado, estudiado y almacenado para ser entregado, si fuera posible, a los familiares correspondientes, cumpliendo así la normativa vigente de no reinhumar objetos.

En lo referente a los restos óseos, una vez exhumados y almacenados como se describió anteriormente, se procedió a su traslado al LafUAM donde quedaron debidamente almacenados para su estudio individualizado. La primera tarea llevado a cabo es la limpieza de los restos óseos, eliminado los restos de tierra que pudieran permanecer adheridos y siempre en un ambiente lo más estéril posible y con instrumental no contaminante como cepillos o pinceles y bajo ningún contexto mediante la utilización de agua.

Generalmente, los restos óseos se encontraban en muy buen estado de conservación, con escaso o inexistente índice de fragmentación actual, fruto de una excavación metódica. Se identificó entonces, el tipo de elemento, lateralidad, patologías, lesiones y variables tafonómicas como pérdida ósea, grado de completitud y fragmentación, coloración, etc. Cada hueso se midió, y cuando esto era posible se determinó el sexo, la edad y la talla. Todas las medidas, métodos y materiales empleados en cada caso, se encuentran minuciosamente descritos en el compendio de métodos antropológicos forenses de Udo Krenzer, o bien en otros manuales como los de William Bass, Jabier Reverte Coma y Tim White.[140] Las mediciones tomadas se apuntaron en fichas antropométricas y para disminuir el error intraobservador cada medida se tomó dos veces. Junto a todas las mediciones, índices, apuntes y observaciones en las fichas, se recopila también todo el material fotográfico perteneciente a cada individuo obtenido durante su estudio en el laboratorio. La determinación del sexo, de la talla, posibles alteraciones óseas y/o patológicas se realizó a través de métodos morfognósticos y morfométricos siguiendo las recomendaciones de estos manuales citados, así como bibliografía complementaria que se nos sale del marco de esta obra.

Una vez realizados todos los estudios antropométricos y antropológicos de los individuos es turno de determinar la filiación de los mismos. En un primer momento se propuso comenzar a discriminar identificaciones positivas o probables cruzando los datos obtenidos de la documentación en archivos y entrevistas familiares juntos con los arqueológicos y antropológicos. Únicamente llegado el caso en que no se consiguiese confirmar la identificación mediante el mencionado análisis antropológico y, en la medida que fuese posible sufragar los costes del laboratorio correspondiente, se recurriría al estudio genético. A tal respecto, no conviene olvidar que se precisa tomar muestras preferentemente de piezas dentales, pues es donde mejor se conserva el ADN.[141]

En cualquier caso, conviene subrayar que, como resultado del primero del análisis expuesto, el antropológico, se puede obtener, en el mejor de los casos, una identificación probable. En este sentido, se puede hablar de una probabilidad superior al 80% e, incluso, del 90%. Para llegar a este elevado porcentaje se precisa cotejar los

---

140 KRENZEN, Udo: *Compendio de métodos antropológicos forenses.* Guatemala, Centro de Análisis Forense y Ciencias Aplicadas, 2006; BASS, William: *Human osteology. A laboratory and field manual.* Columbia, Missouri Archaeological Society, 1995; REVERTE COMA, Javier: *Antropología Forense.* Madrid, Ministerio de Justicia, 1999 y WHITE, Tim: *The human bone manual.* San Diego, Academic Press, 2005.

141 ALONSO, A: "La identificación genética de las víctimas de la guerra civil española", en ARMH: *La represión franquista: mito, olvido y memoria,* Valladolid, Universidad de Valladolid, 2006, pp. 183-193.

resultados obtenidos en el laboratorio con los datos facilitados por los familiares y aquella información recopilada en archivos, tal y como se ha comentado en párrafos anteriores. O lo que es lo mismo, los datos bio-antropológicos previamente conocidos de las víctimas, permitirán orientar la identificación de los cuerpos esqueletizados o, cuando menos, discriminar grupos en aquellos casos de fosas que contienen muchos cuerpos esqueletizados.

Solamente se podrá hablar de identificación positiva en aquellos casos que se corrobore mediante el análisis genético, esto es, a través del ADNmt o ADNn, según el caso. No obstante, la obtención de resultados satisfactorios no deja de ser una tarea complicada, pues depende de la idónea conservación del material genético en los restos óseos, tanto en términos de cantidad como de calidad, además de lograr muestras indubitadas de familiares reclamantes posiblemente relacionados (preferentemente, descendientes directos por línea materna), a fin de poder ser cotejadas. No hace falta decir que dichos análisis no hacen sino determinar si existe o no relación de parentesco, ya sea filial, fraternal, etc. Una vez decidido abordar la identificación de los restos óseos mediante los análisis de AND se tomaron las pertinentes muestras de perfil genético tanto a los descendientes como a los restos óseos, para su posterior cotejo en un laboratorio externo.

En este apartado referente a la metodología no se pretende ahondar mucho más en esta cuestión de la identificación de los restos ya que, tal y como se indica en la introducción, contamos con el trabajo elaborado por el Dr. Filippo Scalisi Motta quien, en su tesis doctoral "Informe antropológico y paleopatológico completo de los individuos de La Tahona de Uclés. Sugerencias de identificación"[142], aborda profundamente las cuestiones antropológicas e identificativas.

---

142 SCALISI MOTTA, Filippo: *Informe antropológico y paleopatológico completo...*, ob., cit.

3. Resultados

En este capítulo, referente a los resultados, vamos a abordar y exponer en profundidad todas las cuestiones y conclusiones sacadas a la luz tras llevar a cabo el proyecto de exhumación de "la Tahona" de Uclés y la realización de esta investigación. En un primer momento se presentarán los resultados, tanto de las tres campañas de trabajo de campo como los generales, desde un punto de vista netamente cuantitativo.

En segundo lugar, se expone la interpretación histórica y arqueológica de "la Tahona" y el Monasterio de Uclés durante la cronología que nos ocupa (1936-1939 y 194 1943) así como su evolución y desarrollo durante dicho periodo de la historia reciente de España. Los resultados expuestos en este capítulo aúnan la información proporciona por los familiares y los principales archivos locales y estatales junto con todo la documentación extraída arqueológicamente e interpretada en clave histórica y arqueológica durante las tres campañas de trabajo y la investigación posterior.

Para finalizar, dentro de los resultados y debido a que principalmente somos historiadores y arqueólogos, no podemos dejar de lado todo el material asociado a los restos óseos y a las fosas que los contienen. Tradicionalmente, dicho material ha pasado de puntillas dentro de los proyectos de Memoria Histórica y Democrática, encaminados a la recuperación e identificación de los restos óseos. Pues bien, nosotros creemos que todo este material, principalmente restos de vestimenta y objetos personales y de uso cotidiano, debe ser tratado debidamente y estudiados en profundidad debido a su información potencial como cualquier material arqueológico clásico.

3.1 Resultados por campañas

Desde los primeros momentos en que se empezó a gestar el proyecto que nos ocupa, quedó patente que su entidad iba a precisar de más de una campaña de trabajo de campo, tanto por las dimensiones del recinto cómo por el conocimiento del elevado número de personas ahí inhumadas. Por lo tanto, la exhumación del cementerio de "la Tahona" adscrito al Monasterio de Uclés, se realizó, como ya se ha comentado, durante tres campañas arqueológicas en los meses estivales de 2005, 2006 y 2007.

En este capítulo, relativo a los resultados de toda la investigación, expondremos, en primer lugar, los datos obtenidos en cada una de dichas campañas arqueológicas para, posteriormente, desarrollar los resultados histórico-arqueológicos, el estudio de materiales asociados.

3.1.1 Campaña 2005

Se trata de la primera de las campañas arqueológicas en las que se desarrolló el proyecto de exhumación de los restos óseos contenidos en el recinto de "la Tahona" asociado al Monasterio de Uclés.

Las tareas de campo fueron desarrolladas entre los meses de julio y septiembre, ambos inclusive. Al igual que en otra excavación arqueológica de cualquier índole, al iniciar el proceso de excavación en Uclés se contaba con la información derivada de la prospección superficial, así como la obtenida mediante la fotografía aérea, tanto actual como histórica.

Una de las características que si que evidencian la diferencia entre una excavación convencional y este tipo de proyectos encaminados a la

Figura 1. *"la Tahona"* en 2004, un año antes de empezar la excavación arqueológica.

exhumación de restos óseos de la guerra civil y la posguerra la marca la posibilidad de contar con testimonios orales. Estos relatos de testigos directos de los hechos acaecidos en el propio recinto a excavar, como en el caso que nos ocupa, aportan una información muy relevante a tener en cuenta antes de comenzar las tareas de campo.

Con carácter previo a las labores de excavación y exhumación de los restos se llevaron a cabo las tareas de preparación del reciento. En primer lugar, se acondicionó el terreno mediante el desbroce de la hierba de pequeño y mediano tamaño. La tala de los árboles que había en el interior del recinto se realizó una vez hubo constancia de la presencia de fosas afectadas por los mismos.

(Anexo II)

En primer lugar, se tomó como decisión más conveniente la realización de varios sondeos arqueológicos a lo largo del recinto de la tahona para poder empezar a comprender la ubicación de los restos óseos y la propia potencia del yacimiento. Se llevó a cabo la apertura de un total de 10 sondeos los cuales no se acometieron todos al unísono, siendo abiertos según necesidades de momento y disposición del equipo, así como la necesidad de nuevos sondeos para sustituir a los no productivos. Para el registro arqueológico de los sondeos y el almacenaje de la información que se obtuviera de ellos se decidió nombrarlos mediante un sistema de alfabético correlativo en orden cronológico de apertura. El resumen de las características y resultados de dichos sondeos es el siguiente:

- **Sondeo A:** Con unas medidas de 10 metros de largo por 0,80 de ancho, situado en el cuadrante suroeste del yacimiento. Este sondeo finalizó sin arrojar resultados positivos.

- **Sondeo B:** Situado en la parte sureste del recinto con unas medidas de 6 metros de largo por 0,80 de ancho. A 40 centímetros de profundidad comenzó a aparecer material arqueológico de cronología anterior al periodo buscado por lo cual se decidió cerrarlo.

- **Sondeo C:** Situado al sur del anterior y con unas medidas algo menores. Sin embargo, aquí sí que se documentó una fosa [U.E. 1004]

- **Sondeo D:** Sondeo abierto en la zona central del reciento en base a los testimonios de un testigo directo. Se documentan en este sondeo dos fosas,[U.E. 1041[y [U.E. 1042].

- **Sondeo E:** Situado en la zona intermedia entre los Sondeos A y B con el objetivo de cubrir ese vacío. Con unas medidas de 4 metros de largo por 0,80 de ancho, fue el primer sondeo donde se documentaron restos óseos. Ante la aparición de restos se decidió ampliar el mismo a la vez que se iban documentando las fosas e individuos. Tras la ampliación del sondeo y constatar su entidad se decidió renombrarlo como Sector I.

- **Sondeo F:** Situado en la zona central del recinto al norte del Sondeo D. Con un eje note-sur y unas medidas de 4 metros de largo por 0,80 de ancho, en este sondeo no se evidenciaron restos de inhumaciones.

- **Sondeo G:** Se trata de un sondeo paralelo al anterior y con las mismas medidas. Al igual que en el caso anterior, tampoco fueron documentados en este sondeo restos óseos.

- **Sondeo H:** situado al sur del sondeo D. En este caso no se trata de un sondeo productivo.

- **Sondeo I:** Ubicado en la zona norte del recinto basándonos en los testimonios de Andrés Iniesta. Con unas medidas de 4 metros de largo por 0,80 de ancho, en este sondeo se documentó una fosa [U.E. 1022].

- **Sondeo J:** Último de los sondeos realizados dentro del yacimiento con unas medidas de 4 metros de largo por 0,80 de ancho. Ubicado en la zona norte cercano al Sondeo I. Ante la presencia de restos óseos se decide ampliar este sondeo como se hiciera en con el Sondeo E. Tras ser documentadas varias fosas al ampliar se decidió renombrar este sondeo como Sector II.

Resultados de la campaña 2005

Durante los trabajos de campo de la campaña del verano de 2005 se excavaron un total de 42 fosas (U.E. 1001 a 1042 ambas inclusive) de las cuales fueron exhumados 52 individuos (001 a 052 según número de inventario). Del total de fosas excavadas, 12 de ellas contenían al menos más de 1 individuo, 11 estaban vacías y una, la [U.E. 1017], se trataba de la inhumación de un cerdo.

Al ser la campaña inicial, a pesar de los datos recolectados previamente, no se puede tener un conocimiento preciso de la situación, distribución y ordenación exacta del recinto de "la Tahona", por lo cual tras finalizar la campaña se habían excavado fosas pertenecientes a los tres sectores diferenciados del yacimiento, 10 fosas del Sector I, 3 fosas del Sector II y 20 fosas del Sector III, sectores que se explicarán en detalle más adelante.

Cabe citar que en esta campaña inicial se acometió la excavación de dos fosas [U.E. 1039 y U.E. 1040] las cuales no presentaban restos óseos al nivel esperado, sin embargo, en la tercera campaña de excavación se decidió volver a incidir en las mismas bajando horizontalmente en cota y obteniéndose en este caso resultados positivos, individuo 127 [U.E. 1039] e individuos 157,159, 162 y 163 [U.E. 1040].

La planimetría general de la campaña de 2005 se puede ver en el Anexo final.

3.1.2 Campaña 2006

La campaña de 2006 fue la segunda llevada a cabo en el recinto de "la Tahona" de Uclés y se realizó entre finales de junio y agosto siendo, por tanto y por razones ajenas al equipo, la campaña más corta en tiempo de las llevadas a cabo. Al igual que en la campaña anterior, en 2006 podemos hablar nuevamente de una fase de "pre-exhumación" caracterizada por dos tareas principales: el desbroce del recinto sin excavar y la apertura de diferentes sondeos para localizar las fosas pertinentes. En cuanto al desbroce, se realizó quitando el nivel de capa vegetal y tierra suelta con una profundidad que osciló entre los 40 centímetros y 1 metro. De esta forma, se fue dejando al descubierto el nivel de tierra fina de color grisáceo que evidenciaba la presencia de fosas, basándonos en la experiencia y el conocimiento del terreno adquiridos en la campaña anterior.

En cuanto a los sondeos (que se pueden consultar en el Anexo) y siempre en base a los resultados de la campaña anterior, se decidió abrir dos zonas nuevas, la primera (S1) cercana al muro musulmán en dirección a la esquina noroeste del recinto y el segundo sondeo (S2) abarcaría una zona al este del anterior y más cercana a la actual puerta. Una vez constatados los primeros resultados positivos de ambos sondeos se decidió abrir un tercero (S3) paralelo al S2 y al lado este del mismo. Ambos sondeos son paralelos y en dirección a la pared norte. Mediante esta labor de desbroce y remoción superficial del nivel estéril de sedimento se fueron localizando fosas que en este primer momento quedan delimitadas y numeradas para su posterior excavación.

Paralelamente a la labor anteriormente descrita, otro grupo del equipo inició la exhumación de seis fosas en la zona sur del recinto,

Figura 2. Campaña de excavación 2006.

numeradas correlativamente a partir de la última excavada en 2005, por tanto, [1043], [1044], [1045], [1046], [1047] y[1048]. Con excepción de la [1046] que resultó estar vacía, las demás ofrecieron resultados positivos conteniendo un total de 11 individuos cuyas características y material asociado nos indicó su adscripción, sin lugar a dudas, a la fase de ocupación del Monasterio como Hospital Republicano durante la guerra civil.

Resultados de la campaña 2006

Una vez finalizada la campaña de 2006 el resultado fue de 51 fosas excavadas (de la [1043] a la [1094], ambas inclusive) con un total de 66 individuos exhumados (055 al 121 ambos inclusive). De las 51 fosas, 11 de ellas contenían más de un individuo, siendo las demás individuales. En cuanto a la presencia de ataúd, la misma fue constatada en 37 de los individuos exhumados. Además de esto, más del 80% del terreno de "la Tahona" quedó completamente desbrozado y preparado para excavar.

La planimetría general de la campaña de 2006, al igual que ocurriera con la anterior, está incluida en el Anexo.

3.1.3 Campaña 2007

Se trata de la última de las campañas arqueológicas llevadas a cabo dentro de nuestro proyecto, siendo la más extensa en el tiempo y abarcando desde mediados de mayo hasta noviembre. Este abanico temporal permitió alcanzar el objetivo de exhumar la totalidad de los restos contenidos en "la Tahona". Tras la labor realizada en las dos campañas anteriores ya se tenía un amplio conocimiento de la ubicación y distribución de las fosas sobre el terreno, así como la evolución y distintos sectores del cementerio. En base a lo anterior, la campaña de 2007 no precisó de realizar sondeos como las anteriores agilizando así plazos y reduciendo el esfuerzo para finalizar el proyecto con la seguridad haber exhumado la totalidad de los restos.

Resultados generales campaña 2007

Tras el cierre de esta campaña habían sido excavadas un total de 126 fosas (de la [1095] a la [1221] ambas inclusive) recuperando un total de 311 individuos (del 119 al 429 ambos incluidos). En este punto hay que hacer una aclaración acerca de la numeración dada a las fosas durante la campaña de excavación de 2007, ya que en la zona sur del recinto de "la Tahona" aparecieron grandes fosas longitudinales en dirección oeste-este llegando desde la muralla de época musulmana hasta el muro de cierre del recinto. A la hora de registrar estas grandes fosas o zanjas continuas se decidió dar un número de fosa a toda la zanja, aunque posteriormente se documentó una división interna de dichas zanjas creando por tanto fosas interiores que en su mayoría albergaban dos individuos superpuestos. En el momento de la constatación de este fenómeno se decidió seguir con la numeración general de la zanja quedando del siguiente modo: [1205] (11 fosas), [1207] (11 fosas), [1212] (7 fosas), [1213] (10 fosas), [1214] (11fosas), [1217] (13 fosas) y [1218] (10 fosas).

En el Anexo se puede ver la planimetría general de la campaña de 2007.

Figura 3. Fotografía aérea donde se puede ver "la Tahona" tras finalizar la última campaña de excavación arqueológica, además de su relación espacial con el Monasterio de Uclés.

3.1.4 Resultados generales

La exhumación de "la Tahona" se llevó a cabo, por tanto, en tres campañas sucesivas. A modo de resumen a lo anteriormente expuesto, la campaña de 2005 comenzó el 11 de julio durando dos meses y medio, participando en ella voluntarios de ARMH de Cuenca y estudiantes de medicina y arqueología de la UAM. En esta campaña se exhumaron 42 fosas recuperando 52 individuos. La campaña de 2006 fue bastante más corta, pues hubo de suspenderse por falta de recursos económicos a mediados del mes de agosto. Tras la finalización de la misma se habían excavado 51 fosas con un total de 66 individuos. En última instancia, la campaña de 2007 fue la más prolongada y fructífera, gracias en parte a contar con un mayor número de personal voluntario y profesional, posibilitado por los convenios de Presidencia, al Convenio con el SEPECAM y, en lo referido a los voluntarios, al Convenio UAM-ARMH de Cuenca. Esta campaña comenzó a mediados de mayo y se prolongó ininterrumpidamente hasta la mitad de noviembre.

En lo referente a datos cuantitativos, una vez finalizada la última de las campañas, se habían excavado un total de 265 fosas dentro de un recinto de unos 1900 m², de las que fueron exhumados 429 individuos (en el Anexo se puede ver el plano general). Sin entrar en consideraciones acerca de grupos y tipos de enterramientos, cuestiones que serán ampliadas en adelante, dos de las características a tener en cuenta son la presencia o no de ataúd y el número de individuos por fosa, ya que ambos factores aportarán mucha información en el estudio histórico-arqueológico posterior. En primer término, la presencia de féretro fue documentada en 245 individuos mientras que los restantes 184 fueron inhumados sin ningún tipo ataúd. En segundo lugar, en cuanto al número de individuos por fosa, son mayoritarias las fosas individuales (168 fosas) mientras que 62 contenían dos individuos y 35 eran fosas múltiples con tres o más individuos.

Una vez finalizada la exhumación, así como diversos sondeos más en diferentes puntos y con distintas profundidades para comprobar que no había más zonas con enterramientos en el perímetro interno de "la Tahona", se considera que no quedan individuos por exhumar, ya que se realizó un seguimiento muy cercano de la excavación y dichos sondeos de diversa índole dieron negativo antes de dar por terminado el trabajo arqueológico. Una vez finalizado la fase de campo se volvió a introducir la tierra sacada al exterior durante las tres campañas de trabajo para tapar el conjunto, devolver en la medida de lo posible el estado original del lugar y proteger también los restos arqueológicos medievales de los cuales se tiene constancia de su evidencia en niveles inferiores a los excavados en este proyecto.

Por tanto, desde el punto de vista técnico, no quedan restos humanos en el interior de "la Tahona", quedando el recinto únicamente como zona de reserva arqueológica. La Arqueología Forense termina cuando acaban los restos humanos y su material asociado, no deja monumentos como la arqueología tradicional.

Finalmente, desde una perspectiva puramente cuantitativa, tras la excavación y exhumación arqueológica de "la Tahona", se ha constatado

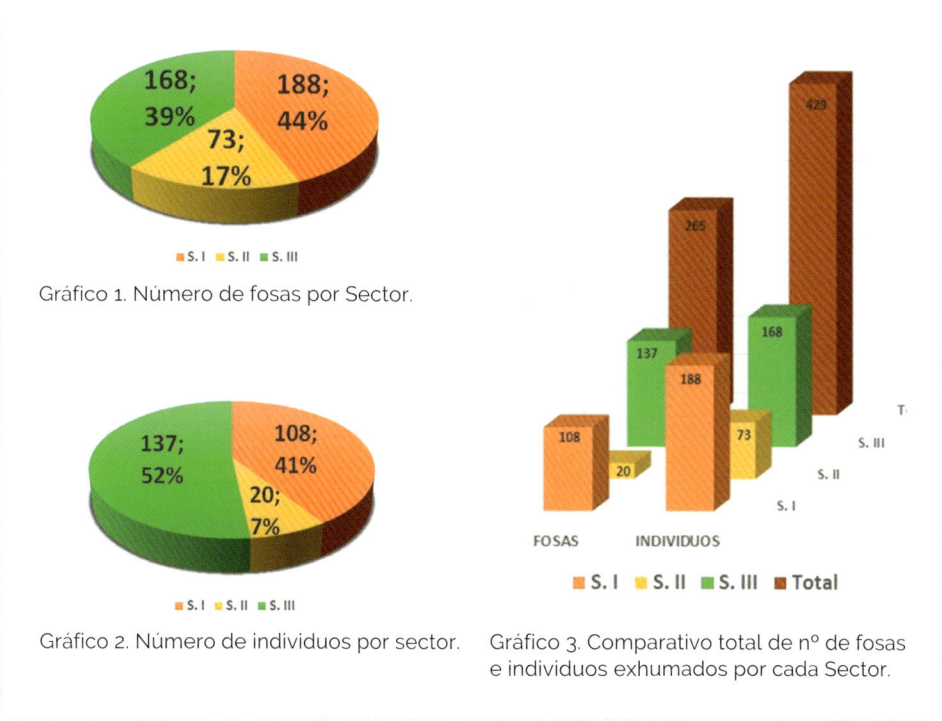

Gráfico 1. Número de fosas por Sector.

Gráfico 2. Número de individuos por sector.

Gráfico 3. Comparativo total de n° de fosas e individuos exhumados por cada Sector.

la existencia de tres sectores bien diferenciados: el Sector I (Hospital), Sector II y Sector III, ambos adscritos a la cárcel. Del total de tres sectores se han excavado 265 fosas repartidas de la siguiente manera: Sector I, 108 fosas; Sector II, 20 fosas y Sector III, 137. En cuanto al número de individuos exhumados es 429, repartidos de la siguiente manera entre los tres distintos sectores:

Sector I, 188 individuos; Sector II, 73 individuos y Sector III, 168. Los planos generales se pueden ver igualmente en el Anexo.

3.2 Interpretación Histórico-Arqueológica

Con este proyecto se pretende, como se ha indicado ya, la recuperación e identificación de los restos óseos de represaliados durante la guerra civil y la posguerra para ser entregados a sus familiares y que estos cierren así está herida permanente dando un enterramiento digno a sus difuntos. Este y no otro es también el principal objetivo de todos los proyectos de exhumación vinculados con la Memoria Histórica y Democrática. Sin embargo, no debemos olvidar que ante todo también somos historiadores y arqueólogos y, por lo tanto, tenemos una misión paralela a este objetivo principal ligado a la restitución de la memoria y la dignidad de las victimas. Una historia primeramente individual de cada uno de ellos, pero que se ensambla en un conjunto de historias hasta formar un legado que ha sido sistemática y deliberadamente arrojado al fondo de un cajón de olvido, silenciado en pos de una falsa e irreal superación del pasado, y que ahora los historiadores y arqueólogos tenemos la obligación no solo profesional, que también, sino ética y moral de volver a ponerlo encima de la mesa sacándolo a la luz en el seno de una sociedad que nos lo demanda y a la que nos debemos.

3.2.1 Evolución, desarrollo y amortización del cementerio de "la Tahona"

Aunando la información documental y arqueológica podemos concluir que el yacimiento de "la Tahona" comenzó a ser usado como un enterramiento de urgencia cuando el hospital republicano empezó a recibir, desde 1937, las primeras avalanchas de heridos provenientes de los frentes de Guadalajara y luego Teruel y Madrid. En este momento es cuando se comenzó a habilitar unas zanjas longitudinales para evitar así el colapso del pequeño cementerio municipal de Santa Catalina, por otra parte, muy próximo a monasterio. En estas zanjas, que parten de la muralla califal, es donde se fueron enterrando los fallecidos del hospital.

Como sabemos, tras la guerra el monasterio se convierte en prisión. Es en este momento cuando "la Tahona" se convierte en un espacio cerrado al construirse una tapia que arranca de la muralla califal creando un recinto rectangular de unos 1900 m², dejando en su interior las fosas de soldados republicanos. A la hora de dictaminar cuál ha de ser el acceso a este nuevo cementerio se busca que esté en las cercanías del camino que descendía del monasterio hacia el caz del molino y el río Bedija, ya que no existía la carretera actual, trazada entre los años 50 y 60 del pasado siglo. Dicho camino, que descendía siguiendo la ladera que corona el monasterio, era la ruta elegida por los soldados y el personal carcelario de Uclés para conducir a los presos condenados camino de su ejecución mediante el pelotón de fusilamiento. El acceso al recinto, por tanto, se habilitó en el muro de cierre del lado sur, lo que hacía necesario pasar por encima de las fosas de los soldados republicanos para acceder a la totalidad de "la Tahona". Esto ha sido interpretado como una nueva muestra de intolerancia y absoluto desprecio para con los difuntos inhumados ya en el interior.

Dentro del recinto quedó incluida una zona rocosa y un gran terraplén procedente del hundimiento de una plataforma delantera del monasterio, que recientemente se volvió a reconstruir y en la actualidad es un mirador con vistas a toda la comarca. Esta zona de terraplén no fue ocupada nunca por enterramientos, ni durante ni después de la guerra, siendo casi un 20% del total de "la Tahona". La dificultad de cavar esta zona tan dura, el desnivel y el cierre de la propia prisión evitó que se llenara de tumbas. El actual acceso al recinto, hecho en los años 80 cuando se reconstruyó la tapia y se hizo la entrada desde la carretera actual, se aprovecha de esta circunstancia, ya que esta área vacía de tumbas se encuentra en la parte junto al muro este de "la Tahona". Esta particularidad ya fue detectada mediante las tareas de prospección y estudio de fotografías previos a los trabajos de campo.

Desde el primer momento de uso del cementerio para la cárcel se levantó un muro en su mitad que dividió de facto el espacio en dos espacios, ligeramente dispares, siendo además la más pequeña la que contaba con parte de su terreno ocupado por las inhumaciones de los soldados republicanos. Según sabemos, este muro creaba dos espacios funerarios completamente distintos, por un lado, la zona católica o confesa y, por otro, la zona laica o civil. La creación de estos dos espacios mediante la construcción de un muro que recorre de este a oeste el recinto atiende a la legislación publicada por el bando nacional en plena Guerra Civil[143]. Mediante dicha ley se revocó la anterior republicana

---

[143] BOE nº 173, 1938:3039-3040.

y se devolvía la propiedad y la autoridad de los cementerios a la Iglesia, ordenando levantar un muro (o restablecer las antiguas tapias) que separase los cementerios católicos de los civiles.

Los fallecidos de la cárcel del Monasterio de Uclés eran inhumados en un sector u otro en función de sus condiciones personales previas a su fallecimiento o ejecución, más que debido a sus propias convicciones religiosas o espirituales. En efecto, una vez divido en dos el recinto, los presos podían optar por confesarse o no hacerlo, y en base a dicha elección eran enterrados en una zona u otra. Los datos aportados por el archivo nos hablaban de una mayoría de presos cuya elección final fue la confesión. Una explicación más que posible radica en que al hacerlo eran objeto de un tratamiento especial y algún pequeño privilegio. La Arqueología Forense ha corroborado estos datos, con un mayor número de fosas e individuos (con evidencia de muerte violenta y otros con muestras de muerte natural) en la zona confesa de "la Tahona", además de haber encontrado restos arqueológicos del muro de separación, sobre todo del arranque del mismo junto a la muralla califal. Los individuos fusilados aparecen a ambos lados del muro divisor, pero presentan diferencias de trato bien marcadas. La zona laica sería, por tanto, la parte inicial del cementerio, donde quedaron ubicados los soldados republicanos, los cuales según la ideología del nuevo régimen eran enemigos de la patria y de la fe católica. Esta parte civil (a excepción de las fosas adscritas al hospital) aparece con enterramientos dispersos por el espacio, sin aparente orden ni orientación alguna, al contrario que el sector confeso el cual presenta enterramientos ordenados perfectamente en calles y alineaciones ocupando completamente el espacio.

Da la impresión de que el cementerio, en su parte dedicada a los católicos, comenzó a llenarse como se hacía a comienzos del siglo XX, en fosas dispuestas periféricamente al cementerio, dejando el espacio central vacío siguiendo el modelo de mondas que predominaba entonces. Sin embargo, rápidamente el espacio confeso se vio desbordado y acudieron al sistema de calle y filas, como en la actualidad se usa, con espacios de paso muy reducidos y adaptándose a las estructuras o al desnivel natural del terreno.

En general, basándonos en la propia experiencia del equipo, así como en comparativa con cementerios actuales y el número de fosas y metros cuadrados, podemos estimar que el recinto de "la Tahona" equivaldría en extensión al de una población de en torno a 5.000 habitantes, la que significa que sería tan grande como el cementerio de uno de los 4 o 5 pueblos más grandes de la comarca conquense de la que recibía los presos. Algo compatible con una previsión carcelaria cercana al diezmo de la población real del territorio, parámetros próximos a los datos de represión que conocemos en la actualidad.

En conclusión, dentro del recinto de "la Tahona" tenemos bien claros y diferenciados tres sectores, uno para el hospital y dos para cárcel (En el Anexo se puede consultar el plano general). El espacio elegido como cementerio cumplía con las características perfectas, se trataba de una zona cercana, de fácil acceso y completamente alejada de la visibilidad de la población de Uclés. En primer lugar, se abren fosas longitudinales (Sector I) entre 1936-1939 para los fallecidos del hospital, con un comienzo desde la muralla califal siguiendo en dirección este hacia el monasterio. Una vez finalizado el conflicto e instalada la cárcel, se decide seguir utilizando el recinto, pero esta vez dotándolo de un carácter más íntimo cerrándolo entorno a la muralla califal con una tapia creando un recinto de unos 1900 m², quedando en el interior los soldados republicanos inhumados A su vez, "la Tahona" queda subdivida en dos partes, sector laico (Sector II) y confeso (Sector III) por las razones expuestas anteriormente. Una vez finalizado el periodo de cárcel el cementerio se abandona y solamente es vuelto a abrir por los religiosos una vez ya siendo el monasterio seminario para enterrar unos cerdos muertos por enfermedad, algo que en un principio parecía una acusación infundada fruto más de habladurías en el pueblo pero que fue corroborada por el hallazgo de los restos de dichos animales en cota superior a los represaliados inhumados. El cementerio está, por lo tanto, en uso ininterrumpido entre 1936 y 1943, momento en el que el monasterio cierra sus puertas como cárcel, quedando el recinto amortizado y abandonado con 429 personas inhumadas en su interior.

Figura 4. Varias imágenes de la prospección llevada a cabo mediante tratamiento de imagen. Se observa el muro de división interna y evidencias de fosas comunes.

Figura 5. Fotografía aérea del Vuelo Americano de 1945 del Monasterio de Uclés y "la Tahona", que ya presenta el muro de cierre perimetral y el pequeño muro de división interna. Fuente: https://fototeca.cnig.es/

3.2.2 Distintos ritos, procedimientos de inhumación y trato a los restos humanos según su condición

Ha quedado claro tras la exhumación y lo expuesto anteriormente que tenemos hasta tres tipos de enterramientos diferentes en "la Tahona", correspondientes a tres tipos de personas inhumadas en su interior. En primer lugar, los soldados republicanos y los civiles fallecidos en el hospital del Monasterio de Uclés entre 1936-1939, en segundo lugar, los presos muertos durante su cautiverio en la cárcel sito en el mismo inmueble entre 1940-1943 y que habían realizado la confesión católica y, en tercer lugar, los presos de la cárcel que no habían realizado esta confesión antes de fallecer o ser asesinados.

Una de las principales características diferenciadoras dentro de las fosas exhumadas en "la Tahona" de Uclés, y que nos han permitido llegar a conclusiones y afirmaciones relativas al trato diferencial entre individuos es la presencia de ataúd o la ausencia del mismo. Si bien es cierto, estamos en un momento de conflicto bélico y posguerra que colapsa todos los sectores productivos y por ende es extensible al acceso de materia primas de calidad para la confección de féretros, de ahí que hayan sido documentado varios casos en los que se han reutilizado cajas o chapas metálicas para recibir los restos de los fallecidos, sobre todo en los fallecidos durante la fase de cárcel. Este hecho nos lleva a la conclusión de que en los casos en los que no se ha documentado ninguna tipología de ataúd durante la excavación arqueológica (o improntas del mismo) es que no fue utilizado originalmente ya que ante la escasez de madera utilizaban casi cualquier elemento a su alcance.

Fase de Hospital 1936-1939

Se trata del primero de los tres sectores de "la Tahona", recinto que, recordemos, aún no conformaba un espacio cerrado sino solamente un lugar discreto y cercano al hospital. En su mayoría, este sector está formado por grandes fosas longitudinales, comunitarias, en donde los cadáveres se introducían varios de manera simultanea y, a veces, superpuestos generalmente en ataúdes de madera. Entre estos cadáveres iban restos de amputaciones procedentes de los quirófanos, siempre asociadas a individuos tal y como se ha corroborado arqueológicamente. El procedimiento que fue llevado a cabo, una vez decidido el lugar que iba a recibir los restos de los difuntos, fue abrir grandes zanjas comenzado desde la muralla califal siguiendo en dirección este mirando hacia el monasterio. Se trata de 8 grandes zanjas alargadas, dentro de las cuales se iban enterrando los soldados fallecidos. Las zanjas, a su vez, eran subdividas por pequeños montículos o amontonamientos de piedras de pequeño/mediano tamaño que conforman ahora si fosas de tamaño medio, unipersonales, en las cuales para albergar más de un cuerpo se recurría a la superposición, aunque predominan en este sector las fosas individuales. Por lo tanto, visto en planta este sector presenta esas 8 zanjas bien diferenciadas circundadas por pequeñas fosas individuales que rellenan el espacio, por lo que durante la excavación se dio una unidad estratigráfica general para las 6 primeras zanjas que se detectaron, aunque posteriormente se ha preferido numerar individualmente las fosas interiores de cada una de las zanjas, para mejorar el recuento y estudio de las mismas, dando por tanto el total de 108 fosas para este sector.

Las fosas de esta zona en su mayoría eran individuales, es decir, se realizaban por y para albergar los restos de una sola persona, sin embargo, también han sido constatada fosas que contuvieron más de un individuo. Las cifras son de 188 individuos en total, inhumados en 108 fosas, de las cuales casi un centenar contenían los restos óseos de una persona o, a lo sumo, dos.

En este punto cabe ser preciso y aclarar qué, aunque aparezcan fosas que contiene en algunos casos más de dos e incluso tres individuos, por ejemplo, de la U.E. 1095 fueron recuperados los restos óseos de cuatro personas (individuos 150, 151, 160 y 161), estas fosas múltiples de la fase de hospital no responden a la tipología de fosa común que estamos acostumbrados a ver y a trabajar con ellas en contextos de conflictos bélicos o represión de la población civil, ya que el carácter, trato y disposición de los restos en el momento de la inhumación es completamente diferente.

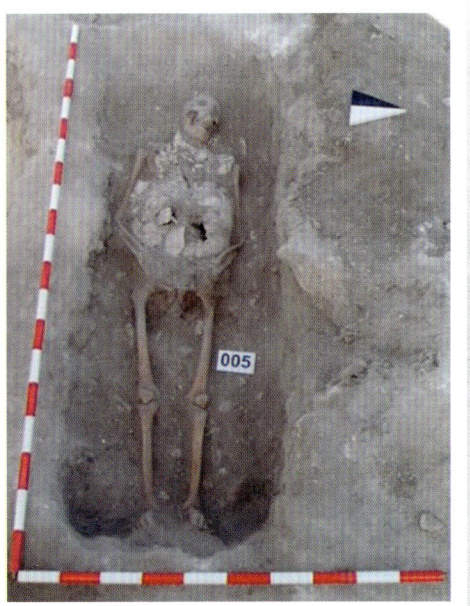

Figura 7. Individuo 005, inhumado con el torso enyesado.

Figura 8. Amputación 007 asociada a un individuo inhumado en "la Tahona".

fue necesario aplicar el "método español" y acabaron sobreviviendo ya que en las fuentes que han llegado a nosotros está registrado en algunos casos la causa de la hospitalización, pero no el tratamiento seguido. Tras las tareas arqueológicas y de laboratorio, se ha podido documentar un caso en "la Tahona" en que un individuo (el 005) falleció tras recibir varias heridas en el pecho, las cuales fueron tratadas con el "método español", sin obtener éxito y siendo inhumado aún con el enyesado cubriendo su tórax.

b) Amputaciones

A pesar del desarrollo de la técnica anteriormente descrita, una de las operaciones médicas más recurrente en caso de conflicto bélico durante el siglo pasado son las amputaciones. Las heridas producidas por impacto de bala o metralla en cualquiera de las extremidades, unido al ambiente húmedo y frio característico de las trincheras y las infecciones, hicieron necesario que en un gran número de casos

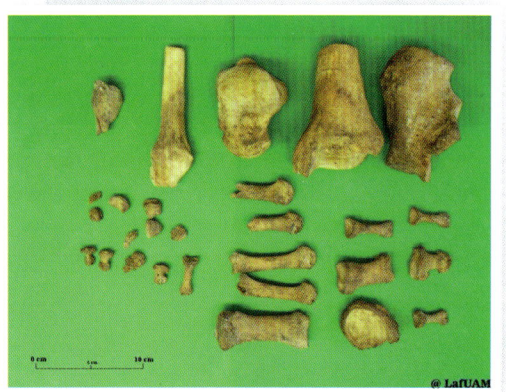

Figura 9. Amputación 007, perteneciente a una diáfisis distal de tibia y peroné izquierdos junto con los restos del pie.

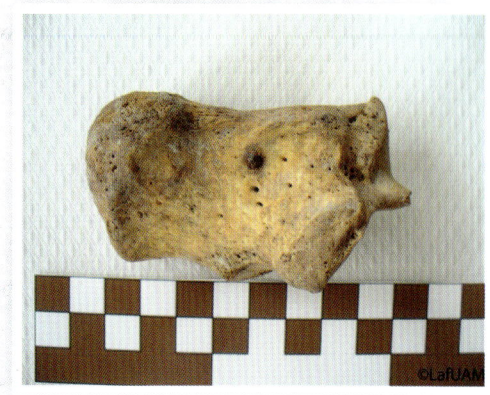

Figura 10. Calcáneo derecho del Individuo 013 con restos de una aguja de Krischner.

se tuviera que recurrir a la amputación del miembro afectado, tal y como nos cuenta el Dr. Manuel Picardo a través de experiencia personal durante la guerra civil.[146]

Tras la exhumación de los restos de "la Tahona" se han documentado un total de 34 miembros amputados, tanto de extremidades superiores como inferiores. Tanto por empatía hacia los restos como por cuestiones puramente higiénicas, las amputaciones eran enterradas en el mismo recinto habilitado como cementerio. En este sentido han sido detectadas tres casuísticas distintas, en primer lugar, aparecen individuos que no superaron la operación de la amputación apareciendo inhumados junto con su miembro ya seccionado. La segunda casuística hace referencia a individuos que sí superaron la operación, pero acabaron falleciendo al poco tiempo, apareciendo inhumados, pero sin los restos amputados. En último lugar, aparecen inhumaciones

---

146 PICARDO CASTELLÓN, Manuel: "Experiencia personal en un hospital quirúrgico de primera línea durante nuestra guerra civil" en VV. AA: *Los médicos y la medicina en la guerra civil española,* Madrid, 1986, Monografías Beecham, pp.216.

asociadas a individuos fallecidos por cualquier otra causa, aprovechando su fallecimiento para enterrar la amputación de otro paciente distinto.

c) Otras técnicas sanitarias documentadas

A través del estudio de los restos procedentes de "la Tahona" de Uclés han sido documentadas otras técnicas sanitarias aparte de las descritas anteriormente. La mayoría hacen referencia a operaciones efectuadas en el cráneo del individuo como son las trepanaciones craneales y, sobre todo, la técnica de estudio macroscópico de la cavidad craneal para determinar las posibles causas de la muerte del individuo. En última instancia, otra de las técnicas sanitarias más representada es la perforación en el calcáneo mediante el uso de aguja de Kirschner para la inmovilización del mismo.

Para un conocimiento más amplio de las técnicas sanitarias aquí descritas y documentas entre los individuos exhumados en "la Tahona" de Uclés, es recomendable consultar las dos tesis doctorales ya citadas. En primer lugar, el trabajo del Dr. Jesús Manuel Peraza Casajús, doctor en medicina con su tesis *Exhumación de la Tahona de Uclés: estudio médico-quirúrgico de noventa individuos* y, en segundo lugar, el trabajo del Dr. Filippo Scalisi Motta, doctor en Antropología Física con su tesis *Informe antropológico y paleopatológico completo de los individuos del la Tahona de Uclés. Sugerencias de identificación.*

Finalmente, de la conjunción de todos estos datos expuestos, (ataúdes y decúbito supino, orientación según la tradición católico-cristiana y respeto incluso con las amputaciones) se pueden extraer conclusiones relativas al alto grado de respeto que se dispensó a los fallecidos en el hospital del Monasterio de Uclés, tanto civiles como militares, que fueron enterrados en "la Tahona". De especial mención es que, a pesar de ser un cementerio para población eminentemente militar, un cementerio laico según la legalidad vigente en ese momento, se mantuvieron tradiciones religiosas fuertemente arraigadas en la sociedad española, a pesar del falso histórico que se ha venido trasmitiendo acerca del ateísmo y supuesta autoría de hechos gravísimos contra el clero de los republicanos españoles. No queriendo aquí dar por falsos otros testimonios o casos relacionados con este aspecto, solamente se expone un caso donde la arqueología ha demostrado y expuesto unos datos menos conocidos sobre trato dispuesto a los difuntos en un momento tan complejo como una guerra civil.

Fase de Cárcel 1940-1943

Se trata de la segunda fase de ocupación del Monasterio de Uclés, en este caso tras la finalización de la guerra civil, abarcando de 1940 a 1943. Como ya quedó expuesto, durante los años de uso del inmueble eclesiástico como cárcel de partido se decidió amortizar como cementerio el recinto de "la Tahona" que ya había sido utilizado cómo necrópolis. La gran novedad que presenta esta fase es el cerramiento de la zona cementerial mediante una tapia creando al actual polígono rectangular con entrada en su muro sur. Atendiendo a la nueva legislación que devolvía la autoridad y propiedad de los cementerios a la Iglesia, junto a la propia ideología del nuevo régimen, "la Tahona" quedó divida en dos mitades prácticamente simétricas, confeccionando dos sectores: civil y católico. Este muro no se conservaba en la actualidad, aunque sí que fue hallado por el equipo arqueológico de este proyecto, en primer lugar, mediante la fotografía del conocido Vuelo Americano de 1945[147], seguido de la prospección mediante imagen y finalmente mediante los vestigios arqueológicos hallados durante la excavación.

Dentro de la zona civil que ocupa la mitad sur de "la Tahona", quedaron incluidas las fosas pertenecientes a la fase de hospital que albergaban combatientes republicanos que no merecían el suficiente respeto desde el punto de vista ideológico del nuevo régimen, de ahí que, por ejemplo, el acceso al cementerio implicaba caminar sobre los enterramientos de los años del conflicto. Para ilustrar esta cuestión, remitimos al lector nuevamente a la imagen 5 (fotografía aérea del vuelo americano de 1945) y a la planimetría incluida en el Anexo.

---

147 Todos los vuelos históricos se pueden consultar a través de la web de la fototeca digital del Instituto Geográfico Nacional: https://fototeca.cnig.es/fototeca/

Para un mejor estudio y exposición de las diferentes características diferenciadoras de cada una de estas dos partes se abordará diferenciando estos dos sectores de cárcel: Sector II (civil) y Sector III (católico).

Sector II (civil)

Se trata del primero de los sectores que conforman el cementerio de "la Tahona" adscrito a la fase de cárcel, más en concreto la parte civil o laica. Se le ha dado tal denominación debido al carácter de los presos inhumados en esta zona: presos que antes de fallecer no realizaron la confesión ante el capellán del presidio, sacramento que cuya obtención derivaba en posibles privilegios o tratos en sus últimas horas.

Este sector es el menor en tamaño dentro de los tres que conforman la evolución histórica de "la Tahona". Está situado en la parte central del recinto en una zona de difícil excavación por la dureza del estrato junto con la poca potencia de sedimento estéril antes de llegar a niveles medievales. Estas características sedimentológicas hacen que las fosas se vayan adaptando al terreno, sin aparente orden ninguno.

En esta parte civil del cementerio han sido localizadas un total de 20 fosas comunes de las cuales fueron exhumados los restos mortales de 73 individuos. En este punto sí que cabe hablar de fosas comunes al uso, es decir, grandes fosas cavadas en el sedimento que albergan más de un individuo los cuales presentan evidencias irrefutables de muerte violenta y signos de haber sido arrojados dentro de la fosa sin tratamiento alguno. En este contexto, solamente 2 de las 20 fosas del sector son individuales, 3 de ellas contienen dos individuos y la gran mayoría, 15 fosas, contenían los restos óseos de al menos tres o más presos represaliados.

De nuevo dentro del estudio del sector, han de tenerse en cuenta dos elementos clave que arrojan información relevante al rito y trato hacia los presos como son la presencia o no de ataúd y la orientación y disposición de los restos. La orientación de las fosas en este punto es clave, siendo completamente rupturista con el trato de los difuntos del hospital, ya que aquella disposición de las fosas en dirección oeste-este se pierde en un buen número de fosas dentro de este sector. La

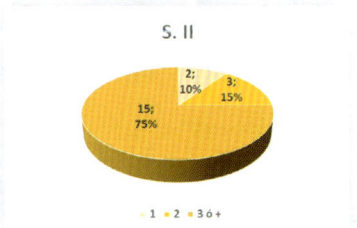

Gráfico 6. Número de presos
inhumados por fosa en el Sector II.

Figura 12. Individuo 033.
Fosa individual sin presencia de ataúd.

Figura 11. Fosa común del Sector II.
Se observa la falta de ataúd, así como
una disposición característica de haber
sido arrojados los cuerpos.

Figura 13. Individuo
inhumado sin ataúd y
arrojado a la fosa decúbito
prono y con impacto de
bala en el cráneo.

disposición es arbitraria y sin orden aparente, adaptándose al terreno y, al igual que ocurrió con los soldados republicanos, estas fosas también eran pisadas en el camino hacia la zona católica del cementerio. De la veintena de fosas, dos presentan orientación sureste-noroeste, 7 conservan la orientación oeste-este y la mayoría, 11, fueron excavadas en dirección norte-sur.

Los 73 individuos exhumados en este sector fueron fusilados, presentando fracturas por impacto de bala en diversos restos óseos, así como el llamado tiro de gracia en el cráneo. La disposición de los cuerpos, todos en posiciones que evidencia el haber sido arrojados desde la parte superior de la fosa, es completamente arbitraria, apareciendo individuos en posiciones decúbito prono, lateral, flexionados en posiciones nada naturales, etc.

En cuanto a la presencia de ataúd, en este sector no fue documentada la presencia de féretro de madera, o de cualquier otro material improvisado en ninguna de las fosas excavadas. Esta será una tónica dentro de "la Tahona", los presos que acabaron fusilados no fueron inhumados en ataúdes.

Dentro de esta zona del cementerio fueron halladas las fosas comunes con mayor presencia de restos óseos de todo el recinto. Estas fosas corresponden con las que menciona Andrés Iniesta en su libro, aunque si bien es cierto no se hallaron en el lugar exacto que él recordaba, aunque si concuerda la fecha. Se trata de tres grandes fosas con eje oeste-este situadas junto a la muralla califal en el primero de los recodos que traza la misma dentro del perímetro enmarcado por la tapia que cierra "la Tahona". Dos de las fosas [U.E. 1140 y U.E. 1157] se encuentran paralelas y la [U.E. 1134] fue excavada inmediatamente a los pies, es decir, lado este de la [U.E. 1140]. Las tres fosas fueron excavadas durante la campaña de 2007 arrojando los siguientes resultados:

a) Descripción de la fosa [U.E. 1134]
Fosa alargada de unos 2,5 metros de longitud por 1,10 de ancho y con orientación oeste-este. En esta fosa fueron inhumados los restos mortales de 6 personas, todas ellas con evidencias de muerte violenta

como son la presencia de orificios, tanto de entrada como de salida, de proyectil de arma de fuego en el cráneo, correspondiente con el tiro de gracia tras el fusilamiento. Todos los individuos presentan la misma orientación que la fosa, aunque su disposición dentro de la misma varia adaptándose al espacio interior disponible y apareciendo sus restos esqueletizados con varias partes en contacto directo, sin sedimento o ataúd entre ambos. Esto responde a la razón de haber sido arrojados en el mismo momento, es decir, los 6 presos responden a un proceso único de ajusticiamiento e inhumación siendo preparada la fosa expresamente para ellos. En la siguiente tabla se puede observar un resumen de la composición de esta fosa común:

U.E.	Individuo	Orientación fosa	Orientación individuo	Disposición	Ataúd
1134	176	Oeste-Este	Oeste-Este	Decúbito Lateral Izquierdo	No
1134	184	Oeste-Este	Oeste-Este	Decúbito Lateral Izquierdo	No
1134	185	Oeste-Este	Oeste-Este	Decúbito Prono	No
1134	186	Oeste-Este	Oeste-Este	Decúbito Lateral Izquierdo	No
1134	189	Oeste-Este	Oeste-Este	Decúbito Prono	No
1134	190	Oeste-Este	Oeste-Este	Decúbito Lateral Izquierdo	No

b) Descripción de la fosa [U.E. 1140]

Se trata de la mayor fosa común excavada en el cementerio adscrito a la prisión del Monasterio de Uclés. En dicho espacio fueron enterrados los restos mortales de 9 presos, todos ellos con signos inequívocos, tanto el cráneo como en el esqueleto postcraneal, de haber fallecido por heridas producidas por arma de fuego, es decir, fusilados. La fosa, de forma rectangular, esta adosada tanto por su lado oeste como sur a la muralla califal, por lo que los individuos inhumados en la misma se adaptan al espacio, nuevamente como en el caso anterior,

Figura 14. Fotografía general de la fosa [U.E. 1134].

Figura 15. Fotografía general de la fosa [U.E. 1140]

en una fosa diseñada para albergar dicho número de personas. El eje horizontal de la fosa, el lado largo del rectángulo que la forma, tiene una orientación oeste-este, si bien es cierto que al contrario que en el caso anterior, no todos los individuos que ocupan el espacio funerario interior guardan esa orientación, ya que cuatro de ellos (individuos 203, 204, 205 y 211) tienen una orientación invertida, este-oeste.

En cuanto a la disposición, los restos esqueletizados superpuestos fueron inhumados sin féretro o sedimento entre ambos, arrojados dentro de la fosa en el mismo momento, aunque quizá la inversión de la orientación pueda llevar a pensar en dos tandas (de 5 y 4 individuos) mediante las cuales los fusilados fueron introducidos en el improvisado enterramiento.

U.E.	Individuo	Orientación fosa	Orientación individuo	Disposición	Ataúd
1140	193	Oeste-Este	Oeste-Este	Decúbito Prono	No
1140	199	Oeste-Este	Oeste-Este	Decúbito Prono	No
1140	200	Oeste-Este	Oeste-Este	Decúbito Prono	No
1140	201	Oeste-Este	Oeste-Este	Decúbito Prono	No
1140	202	Oeste-Este	Oeste-Este	Decúbito Prono	No
1140	203	Oeste-Este	Este-Oeste	Decúbito Prono	No
1140	204	Oeste-Este	Este-Oeste	Decúbito Prono	No
1140	205	Oeste-Este	Este-Oeste	Decúbito Supino	No
1140	211	Oeste-Este	Este-Oeste	Decúbito Prono	No

c) Descripción de la fosa [U.E. 1157]

Se trata de la última de las fosas grandes del Sector II (civil o laico) y, por ende, la última de los tres enterramientos colectivos mayores en número de individuos hallados en "la Tahona". Esta fosa se encuentra localizada paralela al lado norte de la U.E. 1140 y a escasos metros de la misma. En esta inhumación fueron exhumados los restos de 7 individuos, de nuevo presentando las características comunes de este sector del cementerio, es decir, con ausencia de ataúd o similar, y con evidencias irrevocables de muerte violenta por fusilamiento. En cuanto a la disposición de los restos, de nuevo siguen el mismo patrón, se trata de una fosa cavada sabiendo el número de personas para la que iba a ser utilizada y con una distribución y disposición relativa al hecho de haber sido arrojados desde la parte superior, es decir, desde fuera de la fosa.

U.E.	Individuo	Orientación fosa	Orientación individuo	Disposición	Ataúd
1157	215	Este-Oeste	Este-Oeste	Decúbito Supino	No
1157	216	Este-Oeste	Este-Oeste	Decúbito Prono	No
1157	217	Este-Oeste	Este-Oeste	Decúbito Prono	No
1157	218	Este-Oeste	Este-Oeste	Decúbito Supino	No
1157	220	Este-Oeste	Este-Oeste	D. Lateral Izquierdo	No
1157	221	Este-Oeste	Este-Oeste	D. Lateral Izquierdo	No
1157	229	Este-Oeste	Este-Oeste	Decúbito Prono	No

Sector III (católico)

Se trata del último de los sectores identificados en la excavación del cementerio de "la Tahona". Está ubicado al lado norte del Sector II y enmarcado entre el muro de división interna del recinto y la tapia norte del mismo. A diferencia del Sector I, que presenta los restos de soldados republicanos, y del Sector II, que en su totalidad alberga a presos fusilados, en el Sector III fueron inhumados dos categorías de presos: los fusilados que habían confesado antes de su ejecución y los presos que morían por lo que se ha venido a llamar causas naturales. Este último grupo aglutinan un elevado número de presos cuyo denominador común es que no llegaron a ser fusilados, falleciendo de un compendio de enfermedades y dolencias producidas y derivadas de las condiciones de vida y trato que sufrían dentro de la prisión del Monasterio de Uclés.

En este sector, el más amplio en tamaño, fueron excavadas 137 fosas de las cuales se exhumaron los restos óseos de 168 personas, superando en 29 fosas al Sector I, aunque con 20 individuos menos que en la fase de hospital. En este sector analizando la cercanía de cifras entre fosas e individuos se deduce claramente el predominio de los enterramientos individuales, como efectivamente es, habiendo sido documentadas 122 fosas individuales, 8 con dos individuos y 7 fosas comunes con tres o más personas inhumadas. La mayoría de fosas individuales y la escasa presencia de fosas comunes, hace que en este sector aparezcan presos fusilados inhumados individualmente (algo que no ocurría en el anterior sector).

La presencia de ataúd documentada en este sector es del 50%, estando presente en 84 de los casos de individuos exhumados. Como se ha venido indicando, la documentación de ataúd es indicativa de la manera en que el preso falleció, estando estrechamente relacionada con los fusilamientos, como ocurrió en el Sector II, donde todos los fusilados fueron enterrados sin féretro. Sin embargo, que en este Sector tengamos un 50% de ausencia de ataúd no implica que ese número de presos (84 en total) fueran fusilados, ya que estamos en una zona del cementerio de "la Tahona" con unas características especiales. Con esto nos referimos a la presencia de ritos más puramente religiosos o confesionales, ya que los presos que fallecieran de manera natural (es decir, no fusilados), pero sin haber realizado el trámite de la confesión ante el capellán, fueron enterrados directamente sobre el terreno, sin ataúd. En esta línea, sí que los reos fusilados que aparecen en esta zona del recinto fueron enterrados sin ataúd, a excepción de uno, el correspondiente a la U.E. 1130, Individuo 170.

Una vez analizadas conjuntamente estas cuestiones acerca de número de fosas, individuos, presencia de ataúd y número de inhumados por sepultura, es necesario para una mejor exposición de los datos y comprensión del Sector III y, por ende, del funcionamiento de la cárcel, separar los dos grupos presentes, fusilados y fallecidos por causas naturales.

a) Fusilados inhumados en el Sector III

En este punto vamos a comenzar por el grupo de población con evidencias irrevocables de haber sufrido un fusilamiento. Como ya veíamos en lo referente al Sector II, uno de los indicadores del trato referido con los fallecidos a la hora de ser inhumados es la orientación en la que son dispuestos, tanto la relativa al eje de la fosa como a la propia disposición de los restos en su interior. En este sector III, espacio dedicado a presos confesos, la gran mayoría de las fosas tienen un eje este-oeste,

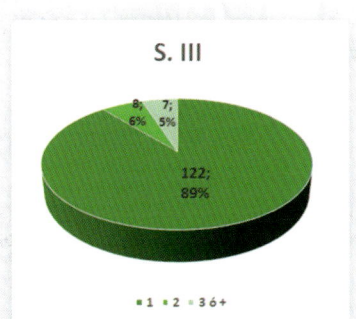

S. III

8; 6% 7; 5%

122; 89%

▪ 1 ▪ 2 ▪ 3 6+

Gráfico 7. Número de presos inhumados por fosa en el Sector III.

Figura 16. Individuo inhumado en ataúd en el Sector III.

©LafUAM

aunque la disposición de los individuos en su interior está bastante más dividida, ya que 27 de los inhumados mantienen esa orientación mientras que 23 fusilados fueron inhumados en dirección oeste-este. Este dato nos lleva a la conclusión de que en este sector prima la orientación de la fosa, que mantenga ese eje tradicional a la par que mira hacia el monasterio, sobre la propia colocación del preso fusilado. En cuanto a otras orientaciones que se alejen del patrón tradición expuesto, uno de los individuos (U.E. 1107, Individuo 124) fue inhumado en dirección norte-sur y en dirección inversa aparecen los restos de 4 individuos. Finalmente, los restos de un preso fusilado fueron inhumados con eje sureste y último individuo en dirección suroeste.

El último indicador a tener en cuenta tras la presencia de ataúd y la orientación de los restos es la posición de los mismos en el interior de la fosa. En cuanto a los ataúdes, en este sector el reparto es equitativo con 84 individuos tanto con ataúd como inhumados directamente sobre el sedimento.

La primera conclusión que podemos obtener de la disposición de los restos, tras la observación de los datos del grafico anterior, es que

Figura 17. [U.E. 1135], fosa doble del Sector III con los individuos 172 173.

Gráfico 8. Disposición en el interior de la fosa de los individuos fusilados del Sector III.

predomina la posición decúbito prono. Es decir, aunque se trata de un sector destinado a una población de la cárcel a la que se le presupone un mejor trato debido a su condición de confesos, en el caso de estos fusilados la única diferencia con los del Sector II es la orientación, ya que carecen de ataúd y han sido arrojados boca abajo. La posición decúbito supino es la segunda más utilizada, la más tradicional, presente en 21 de los casos de presos fusilados inhumados en este sector.

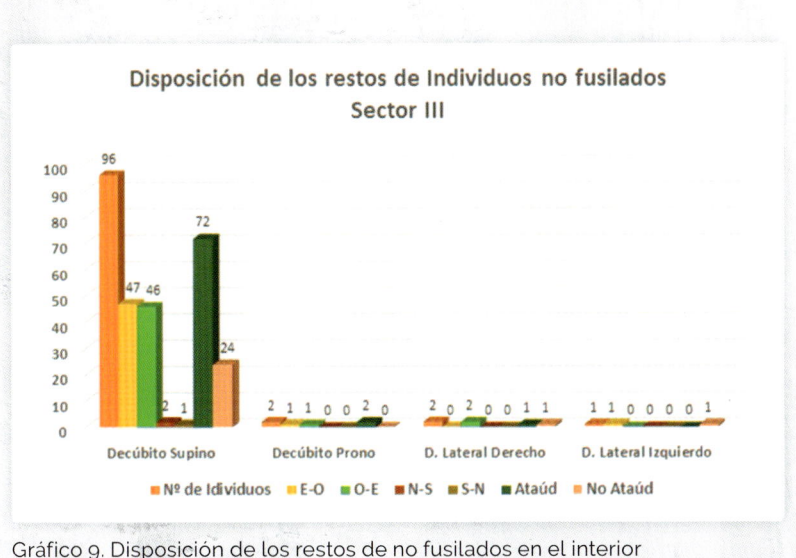

Gráfico 9. Disposición de los restos de no fusilados en el interior de las fosas del Sector III.

b) Fallecidos por causas naturales

Como ya se indicó, con esta terminología nos referimos a los reos de la prisión que no fallecieron a causa de las heridas de bala producidas por un fusilamiento, es decir, murieron por las diversas dolencias y enfermedades derivadas de las condiciones sufridas durante su presidio. Dejando atrás la presencia de ataúd, ya analizada (documentada en 77 de los 103 casos), de nuevo los siguientes indicadores a tener en cuenta son la orientación y la disposición de los restos, tal y como podemos ver resumido en la siguiente tabla:

Orientación	Nº de Individuos	Ataúd	No ataúd
Este-Oeste	49	36	13
Oeste-Este	49	37	12
Norte-Sur	2	1	1
Sur-Norte	1	1	0
Desconocida	2	2	0

De nuevo, como en el caso de los presos fusilados de este sector, la mayoría de las fosas documentadas (a excepción de 5) han sido excavadas en un mismo eje este-oeste, presentando los restos inhumados dicha orientación o viceversa, dando a entender que lo importante era el eje de la fosa, no tanto hacia qué lado fuera depositado el fallecido.

Dentro del segmento de población reclusa fallecida por causas ajenas a la condena al pelotón de fusilamiento encontramos una mayoría aplastante de individuos inhumados decúbito supino (96 casos) de los cuales gran parte presentan ataúd de madera además de una orientación en un eje tradicional este-oeste. La presencia de otras disposiciones es simplemente residual en este grupo de presos. En conclusión, se trata de los fallecidos a los cuales les fue dado un mayor grado de respeto y trato a la hora de ser enterrados dentro de los diferentes grupos que conforman todo el cementerio de "la Tahona".

Como conclusión a este sector, se trata de una zona que ocupa en torno a la mitad del espacio en metros cuadrados totales del cementerio de "la Tahona". En cuanto a concentración de enterramientos se trata del sector con mayor presencia, un total de 137 fosas. Sin embargo, en cuanto a número de individuos (168) es superado en veinte por el Sector I, adscrito cronológicamente a la fase de hospital durante la guerra civil. Una de las características que define a esta zona del recinto es la ordenación de las fosas, la inmensa mayoría (148 fosas) en un eje este-oeste dando la impresión de asemejarse al sistema actual de ordenación de cementerios basado en calles. La ausencia de ataúd sigue siendo un indicador asociado a fusilamientos con una sola excepción (U.E. 1130, Individuo 170). Dentro de esta ordenación, predominan las fosas individuales (122) con baja representación de fosas múltiples o comunes, cuya presencia está asociada a episodios de fusilamiento simultaneo de varios presos.

3.2.3 Estudio de la población reclusa

En este punto se pretende abordar un estudio, desde el punto de vista cuantitativo, de la población reclusa que entre 1940 y 1943 estuvo presa en la prisión del Monasterio de Uclés. Se trata de tres años en los que pasaron, según las fuentes orales, en torno a 5.000 presos por este centro, de los cuales tenemos registro de 659 personas cuyos datos han sido obtenidos del análisis de la documentación relativa a la Causa General de la provincia de Cuenca y partido judicial de Tarancón, conservada en el Archivo Histórico Nacional.

La Causa General instruida por el Ministerio Fiscal sobre la dominación roja en España, más conocida como la Causa General, fue todo un proceso de investigación impulsado tras la guerra civil mediante decreto de 26 de abril de 1940 por el ministro de Justicia franquista Esteban Bilbao. El objetivo principal, según el preámbulo del decreto, era instruir "los hechos delictivos cometidos en todo el territorio nacional durante la dominación roja". Con la información recabada de muy diversas fuentes sin excesiva verificación (generalmente declaraciones y denuncias) se elaboró un enorme dossier que sustentó las acusaciones en los consejos de guerra y en los tribunales especiales. Por tanto, toda esta documentación llevó a la apertura de numerosos procesos judiciales contra los que fueron considerados como responsables de los hechos investigados. Este proceso fue empleado tanto como un instrumento para la represión de un gran número de opositores como para fines propagandísticos del régimen franquista al legitimar la sublevación en contra del Gobierno de la República que acabaría desembocando en la guerra civil.[148]

Centrándonos en la provincia de Cuenca y, más en concreto, en el partido judicial de Tarancón, como comentábamos, del estudio de la documentación de la Causa General para dicho partido judicial, han sido documentados un total de 659 expedientes de presos que estuvieron cumpliendo condena en la cárcel del Monasterio de Uclés. En este punto, cabe aclarar que esta cifra no corresponde ni con mucho al total de personas que pasaron por dicho penal ya que en muchos

---

148 CASANOVA, Julián: "La dictadura que salió de la guerra" en, CASANOVA, Julián (ed.): *Cuarenta años con Franco*. Barcelona, Crítica. pp. 53-77 y GIL VICO, Pablo:" Ideología y represión: la causa general: Evolución histórica de un mecanismo jurídico-político del régimen franquista", en *Revista de Estudios Políticos* (Centro de Estudios Políticos y Constitucionales) 101, (1998), pp. 159-189.

casos la falta de información nos marca la cautela a la hora de estudiar los diferentes expedientes. Así mismo, aunque la gran mayoría de los presos internos en el Monasterio de Uclés eran naturales de localidades cercanas, ya que se trata de una cárcel de partido principalmente creada para población conquense, sería interesante cotejar los diferentes partidos judiciales contemplados en la Causa General, así como en diferentes archivos de cara a ampliar el conocimiento del total de personas que cumplieron condena en Uclés. Sin embargo, se trata de un objetivo más ambicioso que escapa de los márgenes de esta investigación más centrada en los presos fallecidos e inhumados en el recinto de "la Tahona".

En primer lugar, analizando estos 659 expedientes, podemos indicar la procedencia de los reclusos. Han sido documentados un total de 120 localidades prácticamente todas en un radio cercano a Uclés con algunas excepciones como Madrid (3 casos), Colmenar Viejo en la provincia de Madrid (1 caso), Mazarrón, en Murcia (1 caso) o Ramales de la Victoria, Cantabria (1 caso).

En cuanto a las localidades con mayor representación, estaría Torrubia del Campo (64 presos), Horcajo de Santiago (56 presos), Uclés (40 presos), Tarancón (35 presos) y Zarza de Tajo (30 presos). En este punto cabe mencionar unos datos que ayuden a contextualizar estas cifras. Según los datos del INE para la cronología que nos ocupa, la población de derecho[149] de Torrubia del Campo, municipio a unos 17 km de Uclés, era de 1338 personas, por lo tanto, un 4,78% de su población estuvo presa en el Monasterio de Uclés. En el caso de Horcajo de Santiago contaba con una población de 3686 personas, por lo que tenemos documentado un 1,51% de su población recluida. En tercer lugar, la población de Uclés estaba compuesta por 1366 personas, de las cuales un 2,92% se encontrabas presas en el monasterio de su propia localidad. Por su parte, Tarancón era uno de los mayores municipios, con un total de 6872 personas empadronadas, representado la cifra de presos

---

149 Utilizamos la población de derecho, es decir la población empadronada en la localidad, aunque no vivan en la misma ya que han sido documentados casos de presos empadronados en localidades de las que no eran naturales figurando en la localidad del padrón.

documentada un 0,5% del total. Finalmente, Zarza de Tajo tenía una población de 1050 personas con un 2,85% de su población en el Monasterio de Uclés.

Estudio de la población reclusa fallecida

En cuanto a la población reclusa fallecida, bien sea debido a las condiciones del presidio o bien ajusticiados a través del pelotón de fusilamiento, se expondrán en este apartado datos sobre su origen, edad, estado civil, nivel profesional y causas de mortalidad en el caso de los fallecidos sin haber sido fusilados. Se trata de un compendio de datos recabados del registro de fallecidos completado con los datos aportados por los familiares de las victimas en el contexto de documentación previa a la exhumación, fase de este proyecto descrita anteriormente.

Ya se ha venido esbozando en el estudio de la evolución de "la Tahona" como cementerio las diferencias entre dos tipos de presos, laicos y católicos o confesos, dos tipos de población reclusa que a efectos prácticos no sería tal en el día a día de la prisión. Esta diferenciación hace referencia al recinto cementerial dependiendo sobre todo de la elección del condenado en las horas previas a verse delante del pelotón de fusilamiento, por lo tanto, hasta llegado ese momento el preso no pertenece a ninguna de estas clases, siendo en este aspecto todos los reclusos de la misma condición.

a) Procedencia de los reclusos

En cuanto a la procedencia de los presos, como ya se comentó al tratar de manera general a la población reclusa, la prisión Monasterio de Uclés fue una cárcel de partido, esencialmente creada por y para la población conquense, de ahí que la mayoría de los presos que pasaron por sus celdas fueran de dicha provincia. En este punto, y para una mejor narrativa y compresión, vamos a volver a retomar el hilo conductor que marca la diferencia entre sectores y presos fusilados o no.

Dentro del Sector II (recordamos, sector laico o aconfesional con todos los presos fusilados y arrojados a la fosa sin ataúd) encontramos una totalidad de presos de los pueblos conquenses cercanos al propio Uclés con la única excepción de un inhumado en esta zona nacido

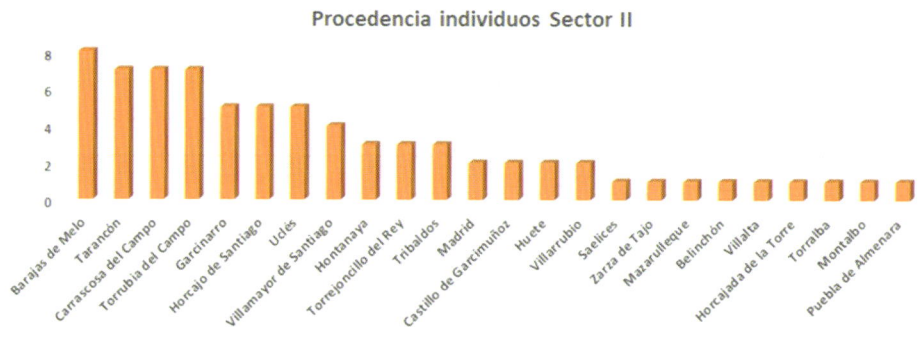

Gráfico 10. Procedencia de los presos fusilados del Sector III.

Gráfico 11. Procedencia de los presos fusilados en el Sector III

en Madrid. Se trata de 73 individuos procedentes de 24 localidades distintas, de las cuales Barajas de Melo (8), Tarancón, Carrascosa del Campo y Torrubia del Campo (todas con 7) son las que más presencia tienen. El propio municipio de Uclés cuenta con 5 presos fusilados a este sector de la cárcel sito en su término municipal.

Ya en el sector confeso de "la Tahona" (Sector III) tenemos que recuperar de nuevo la distinción entre inhumados fusilados y fallecidos por causas naturales. Dentro del grupo de fusilados, nos encontramos con el mismo fenómeno que en el sector anterior, es decir, una totalidad de presos procedentes de localidades de Cuenca, un total de 31 pueblos.

Esta cifra tan elevada de localidades responde al tamaño de las mismas, pueblos pequeños cercanos al propio de Uclés cuyos presos iban a parar a la cárcel de partido del monasterio, predominando pueblos que aportan entre uno y tres presos para este sector. En el sentido opuesto, serán Sisante (11), Zarza de Tajo y San Clemente (9) y Villamayor de Santiago (5) y Almonacid del Marquesado (4) los pueblos con mayor representación entre los presos fusilados del Sector III.

Por último, desde el punto de vista cuantitativo de la procedencia de los presos nos queda por analizar el lugar de origen de los presos inhumados en el Sector III que no fueron fusilados, es decir, fallecidos por lo que se ha venido a llamar causas naturales. Se trata de la mayor población de reclusos dentro de este sector con 152 presos fallecidos cuyos orígenes se remontan a un total de 102 pueblos, de nuevo la inmensa mayoría conquenses, aunque no todos. Esta elevada cifra de pueblos, no demasiado alejada del total de presos hace patente la gran cantidad de pueblos con un único individuo entre la población reclusa. con una cifra más relevante encontramos Zafra de Záncara y Huete con 4 presos, Cardenete y Tarancón con 5 presos y Mota del Cuervo con 7, siendo el pueblo con mayor representación entre este sector de la población del monasterio.

Como conclusión, de manera unificada ya sea del Sector II o de los dos segmentos de población del Sector III, la inmensa mayoría de la población que paso por la prisión del Monasterio de Uclés procedía de la provincia de Cuenca, con escasas excepciones de individuos aislados de otras provincias cercanas como Ciudad Real, Madrid, Toledo o algo más alejadas como Soria, Ávila, Murcia y Vizcaya, así como un caso de un preso natural de la provincia marroquí de Arcila. A su vez, dentro de los límites provinciales actuales de Cuenca los presos procedían de localidades en un radio cercano a Uclés, pueblos como Tarancón, Sisante, Huete, Tribaldos, Zarza de Tajo, etc. es decir, pueblos cuya competencia judicial quedaba bajo autoridad del partido de Tarancón, ya que cabe puntualizar que otros pueblos más alejados entrarían en jurisdicción de Cuenca capital que contaba con más presidios. Esta procedencia de los presos llegados del entorno, en un intento de agrupación en la cárcel de partido de Uclés, también queda patente en las memorias de Andrés Iniesta que nos cuenta cómo "el

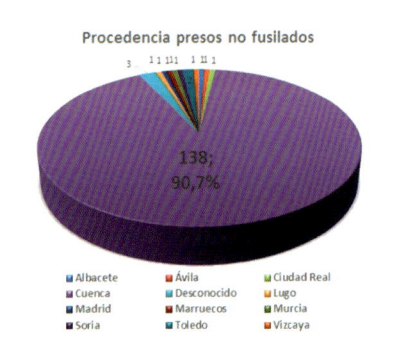

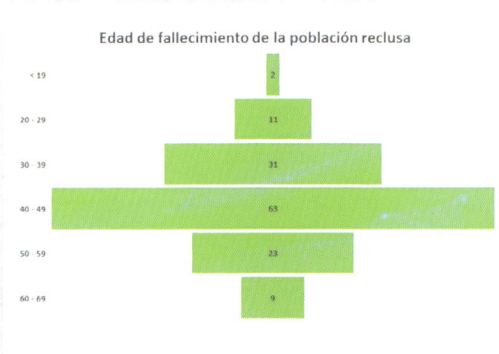

Gráfico 10. Procedencia de los presos fallecidos por causas naturales inhumados en el Sector III.

Gráfico 11. Pirámide de edad de fallecimiento de la población reclusa del Monasterio de Uclés.

día 7 de enero de 1940 llegaron a la prisión Monasterio de Uclés los compañeros detenidos en las prisiones de Huete, San Clemente, Motilla de Palancar y Belmonte. Los que nos encontrábamos en las prisiones de Tarancón fuimos llevados allí el día 8."[150]

b) Edad de los presos

Dentro de la población reclusa podemos ver un amplio sector de edad, con representación de todos los segmentos desde adolescentes hasta adultos seniles. Aquí se exponen los datos relativos a la población fallecida, agrupados tanto fusilados como fallecidos por causas sanitarias. Los datos de fallecidos son extrapolables al total de la población reclusa, aunque sería preciso añadir al propio Andrés Iniesta que ingresó en el presido con sólo 17 años de edad, siendo el preso más joven de los que pasaron por el Monasterio de Uclés.

Los datos de los fallecidos en la prisión nos muestran una amplia mayoría de presos cuya edad está comprendida entre los 40-49 años de edad y más ampliamente entre los 30 y 50 años. Se trata de un segmento de edad característico en este tipo de cárceles de la posguerra teniendo en

150 INIESTA LÓPEZ, Andrés: *El niño de la prisión*. ob., cit., pp. 33.

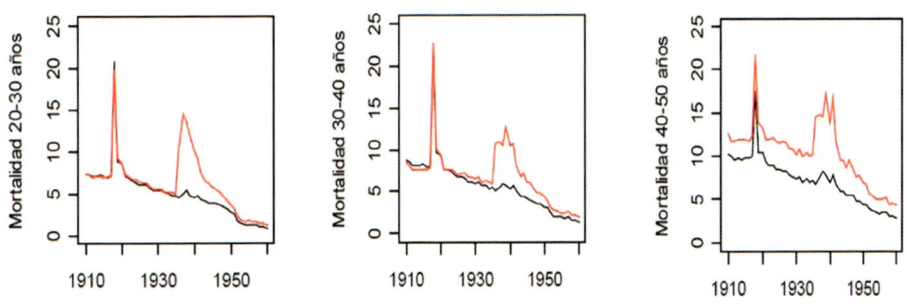

Gráfico 12. Mortalidad española entre 1910 y 1960 por grupos de edad (20-30/30-40 y 40-50) y sexo (masculino en rojo y femenino en negro). Fuente: Ortega y Silvestre, 2005.

cuenta la población española que fue afectada por la Causa General y los procedimientos penales de la posguerra. Es decir, una mayoría de españoles que estarían entorno a la veintena y treintena de edad en el momento de empezar la guerra civil. En la pirámide de la población del monasterio como cárcel faltarían por incluir los datos de 30 de los reclusos que, desafortunadamente, se desconoce su edad.

José Antonio Ortega y Javier Silvestre nos hablan en su trabajo "las consecuencias demográficas de la guerra civil"[151] de como las causas directas y derivadas de la contienda afectaron a la demografía de la población española en toda su amplitud, abarcando la natalidad, mortalidad, nupcialidad y movimientos migratorios, tanto internos como externos. Se trata de un trabajo completo para profundizar en estos aspectos ya que tiene en cuenta y analiza las principales fuentes primarias del *Boletín de Estadística (194, 1941), Anuario de Estadística de España* o los *Resúmenes de natalidad y mortalidad* de 1941, así como los principales trabajos realizados sobre los aspectos demográficos afectados por el conflicto bélico y la posguerra.

---

151 ORTEGA, José Antonio y SILVESTRE, Javier: *Las consecuencias demográficas de la guerra civil.* Santiago de Compostela, X Congreso de la Asociación Española de Historia Económica, 2005.

El gráfico anterior muestra la mortalidad española entre 1910 y 1960 en tasas específicas de hombres y mujeres con edades entre los 20 y 50 años. En primer lugar, llama la atención el elevado pico de mortalidad previo a la guerra que afecta a ambos sexos, pico relativo a la gripe de 1918, llegando a alcanzar cifras elevadas, aunque corto en el tiempo. Dentro del análisis de la mortalidad durante la guerra civil, el primer vistazo al grafico nos indica la sobremortalidad masculina ligada al conflicto si se compara con la gripe que sí que afecta a ambos sexos. El segmento de edad de 20 a 30 años ve su mayor incremento en la mortalidad en los años de la guerra, es decir, es la población que acude a combatir. Entre 30 y 50 años, con especial incidencia entre los 40 y 50 años, la mortalidad masculina también se ve incrementada en los años del conflicto, pero en este caso experimenta sus mayores niveles al comenzar la década de 1940. Este dato concuerda con la mayor presencia de este segmento de edad (40-50 años) entre la población reclusa fallecida en la prisión del Monasterio de Uclés en funcionamiento entre 1940 y 1943.

c) Profesiones

En lo referente a las profesiones que aparecen representadas dentro de la población reclusa de Uclés la lista es amplia con un total de 38 trabajos distintos.

Dentro de este amplio abanico de profesiones destacan en números absolutos los jornaleros con 162 personas seguido de los labradores con 52. Uno de los problemas que hemos tenido a la hora de abordar esta cuestión es la imposibilidad para determinar la profesión ejercida antes de entrar en la cárcel de muchos de los presos que fallecieron en Uclés, de ahí que la cifra de desconocidos ocupe el segundo puesto con 153 personas. En su mayoría se trata de pequeños artesanos, obreros y empleados de oficios esencialmente relacionados con el mundo rural como labradores (31 presos), campesinos (4), pastor, hortelano, herrero, mecánico, peón caminero, etc. aunque también aparecen otras profesiones liberales con tres maestros, dos alcaldes, dos empleados municipales y un secretario de ayuntamiento; fuerzas del orden con la presencia de un sargento y un carabinero. En este

• Agente Comercial	• Albañil	• Alcalde
• Alpargatero	• Ama de Casa	• campesino
• Cantero	• Carabinero	• Carpintero
• Chófer	• Comerciante	• Desconocido
• Electricista	• Empleado Municipal	• Ferroviario
• Herrero	• Hortelano	• Industrial
• Jornalero	• Labrador	• Leñador
• Maestro	• Mécanico	• Metalúrgico
• Molinero	• Oficial de Prisiones	• Panadero
• Pastor	• Peluquero	• Peón Caminero
• Pintor	• Recaudador	• Sargento
• Sastre	• Secretario de Ayuntamiento	• Tractorista
• Zapatero		

Gráfico 13. Profesiones presentes entre la población del Monasterio de Uclés.

punto cabe puntualizar una cuestión relativa a la presencia de cargos públicos. Dentro del registro de la población fallecida, como se ha indicado, destacan los jornaleros y labradores, pero de la conjunción de este registro junto con los datos de la Causa General podemos corroborar que en un buen número de casos muchos de estos trabajadores habían ejercidos cargos en los ayuntamientos republicanos, partidos políticos como PCE o PSOE y en las asociaciones y grupos sindicales como UGT o CNT. Finalmente, en cuanto a la población femenina, que por no ser demasiadas las inhumaciones en "la Tahona de estas reclusas su presencia es menor en las listas, aparecen representadas mediante dos amas de casa

Condiciones Sanitarias y enfermedades

La prisión del Monasterio de Uclés, al igual que el resto de centros penitenciarios y campos de concentración españoles y posteriormente nazis, contaba con una estancia dedicada a enfermería. En su obra, Andrés Iniesta, aunque no tiene un capítulo específico referente a esta estancia, por no haber necesitado atención médica, sí que cita la misma

Esta situación de déficit nutricional afectó, y de que manera, a las cárceles y campos de concentración españoles, los cuales tenían calculado el nivel de calorías necesarias por preso. En este punto cabe recordar el citado estudio de Ángel Viñas en el cual maneja documentación oficial y original donde se establece directamente que los reclusos debían "subsistir" con una dieta de 800 calorías diarias pero que con frecuencia se veía reducida a 400. Este déficit nutricional y vitamínico influyó, sin lugar a dudas, en el aumento de la mortalidad dentro de la población reclusa del Monasterio de Uclés.

Además de la nutrición y las afecciones ligadas a la carencia vitamínica básica, una de las enfermedades más presentes dentro de la posguerra española y, sobre todo dentro del ámbito carcelario, es la tuberculosis. Esta enfermedad supuso un grave problema para España al aumentar considerablemente los casos de afectados entre la población, tanto civil como reclusa. En este sentido, el Monasterio de Uclés no estuvo ajeno a dicha enfermedad con una alta presencia de la tuberculosis.[159]

Para el estudio de las enfermedades que causaron la muerte de los presos no fusilados se ha utilizado la clasificación internacional de enfermedades de la OMS[160] utilizada con buenos resultados en casos de estudios similares como, por ejemplo, en el caso, comentado anteriormente, de Valdenoceda (Burgos). Así pues, quedan establecidos cuatro principales grupos:

1. **Nutricionales y Sistema Digestivo.** Este grupo engloba dos bloques de la OMS, "Enfermedades endocrinas, nutricionales y metabólicas", donde además se incluyen las deficiencias nutritivas, y "enfermedades del sistema digestivo" que a su vez engloba afecciones como la enteritis y la colitis muy presentes en Uclés.

2. **Tuberculosis.** Adscrito dentro del bloque de "Enfermedades infecciosas y parasitarias" de la OMS.

---

159 MOLERO MESA, Jorge: "Enfermedad y previsión social en España durante el primer franquismo (1936-1951)" en *Dynamis: Acta hispánica ad medicinae scinetiarumque historian illustrandam*, 14 (1994), pp. 199-226.

160 https://www.who.int/standards/classifications/classification-of-diseases

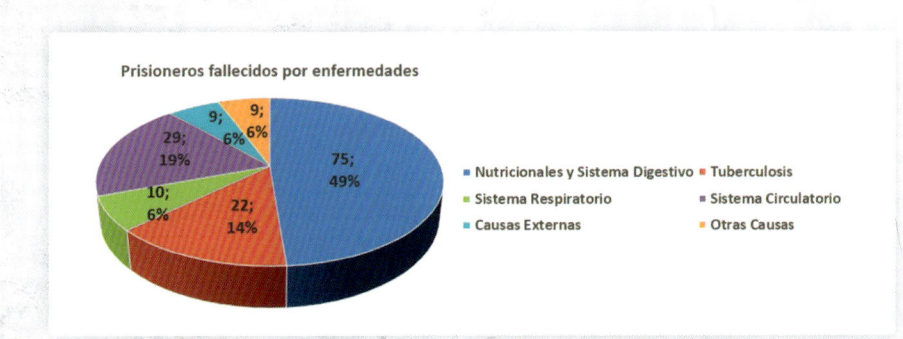

Gráfico 14. Porcentaje de prisioneros fallecidos por las diferentes causas registradas.

3. Sistema Circulatorio.

4. Sistema Respiratorio

5. Causas Externas. Corresponde al bloque de la OMS titulado: "lesiones, envenenamientos y otras consecuencias de causas externas" y "causas externas de morbilidad y mortalidad". Se trata de muertes involuntarias, suicidas u homicidas. En nuestro caso también entrarían en esto grupo también los fallecidos a causa de los disparos de los centinelas.

6. Otras Causas. En esta categoría se agrupan, sobre todo, fallecidos cuya causa de muerte no se conoce o es ambigua en los registros.

Tras analizar los datos (expuestos en el gráfico anterior), las enfermedades nutricionales y del sistema digestivo son mayoritarias con un 49% del total. La segunda causa de mortalidad entre la población reclusa no fusilada es la tuberculosis en sus diferentes afecciones, destacando la pulmonar. Entre estos dos grupos de enfermedades suponen el 63% del total. Estas cifran coinciden a la perfección con los datos de otros campos de concentración similares como el caso del citado de Valdenoceda, el cual guarda muchas similitudes con Uclés, donde la tuberculosis y el sistema digestivo y nutricional suman el 61,6% de los fallecimientos por enfermedad. En cuanto a la tuberculosis, como indica Jorge Molero, fue un grave problema incluso antes de la guerra civil, pero será después de esta, en la dura posguerra cuando sus niveles se incrementen. Según estos autores en el caso de tuberculosis asociada al sistema respiratorio (pulmonar, la cual es mayoritaria en Uclés) se pasó del 5,5% en 1934 al 6,8% en 1941. Un estudio realizado en 1950 en el cual se agruparon todos los tipos de tuberculosis presentes establecía que entre 1939 y 1948 el porcentaje estaba entre el 7,10% y el 10,4%.[161] Las cifras arrojadas del estudio de la prisión del Monasterio de Uclés son incluso algo superiores a estos datos, alcanzo los fallecidos por tuberculosis el 14%.

3.3 Estudio del material asociado

Una de las cuestiones menos abordadas, o que al menos tradicionalmente ha pasado más desapercibida, es el análisis de los objetos asociados a los restos óseos de las exhumaciones de la guerra civil española y la posguerra. Es entendible, aunque no compartido plenamente, que debido a que el principal objetivo de la inmensa mayoría de los proyectos de Memoria Histórica y Democrática es la exhumación, identificación y devolución de restos óseos a familiares, el estudio de materiales asociados pueda pasa de puntillas en los informes finales, de una manera casi testimonial a no ser que se trate de algún objeto de relativa singularidad o importancia. Sin embargo, no debemos olvidar que somos arqueólogos, y como tal, no podemos dejar de ver las exhumaciones con una óptica profesional añadida, propia incluso de la arqueología forense, que vas más allá de la simple recuperación metodológica de restos óseos, analizando las fosas y su entorno como una entidad arqueológica y, por ende, atendiendo al material asociado y la información que nos puede aportar.

En los últimos años hemos atendido al crecimiento de un fenómeno que se ha venido a llamar Arqueología de la Guerra Civil, que centra sus intervenciones, no ya en búsqueda de represaliados o combatientes, sino más bien en los aspectos bélicos con excavaciones puramente

---

161 DÍEZ NICOLÁS, Juan: "La mortalidad en la guerra civil española" en *Revista de Demografía Histórica-Journal of Iberoamerican Population Studies*, vol. 3 nº 1 (1985), pp. 41-55 y BENÍTEZ FRANCO Bartolomé: *Tuberculosis: estudio de la lucha contra esta enfermedad en España.* Madrid, Patronato Nacional Antituberculoso, 1950.

arqueológicas de yacimientos como trincheras, bunkers, casamatas, puestos de mando o cualquier edificación generalmente militar y con frecuencia asociada directa o indirectamente a líneas de frente de combate. En este caso, al tratarse de proyectos puramente arqueológicos sí que es tenido más en cuenta el patrimonio mueble recuperado de las excavaciones, patrimonio que frecuentemente está constituido por restos de munición o escasos objetos personales que arrojan algo de luz sobre las condiciones de vida de los combatientes. La revista *Complutum* en su Volumen 19, Número 2 de 2008[162], presenta un volumen íntegramente dedicado a la Arqueología de la Guerra Civil española, con artículos que abordan la cuestión desde puntos de vista puramente metodológicos como son los Alfredo González Rubial y Ermengol Gassiot Ballbè, entre otros, y estudios relativos a ámbitos más locales como, Bustarviejo, Valdenoceda o el Jarama. Se trata de un campo que no ha parado de crecer y desarrollarse con múltiples experiencias y publicaciones, tanto científicas como divulgativas desde la ciencia. Sirva como ejemplo el último número de la revista Desperta Ferro Arqueología & Historia publicado en agosto-septiembre de 2023 y centrado en la Arqueología de la Guerra Civil, abordando la temática desde una perspectiva amplia que incluye excavaciones arqueológicas, exhumaciones de víctimas y combatientes estudios patrimoniales y cuestiones de didáctica de la guerra civil[163].

Un híbrido, por así decirlo, entre los modelos de exhumaciones de la represión y la arqueología más vinculada a cuestiones bélicas, son los proyectos centrados en el estudio de la retaguardia y el estudio de algunos presidios que no conllevan exhumaciones de restos óseos. Esta segunda casuística hace referencia a excavaciones realizadas con metodología arqueológica y documentación histórica que abordan cuestiones relativas a la estancia, el día a día y las condiciones de vida de los presos. En este punto, uno de los presidios representativos es el de Bustarviejo,

---

162 Accesible en la web de la revista: https://revistas.ucm.es/index.php/CMPL/issue/view/CMPL080822

163 VV.AA.: "Arqueología de la Guerra Civil", *Desperta Ferro Arqueología & Historia,* 50 (2023).

en funcionamiento entre 1944 y 1952.[164] Se trata de un penal en la localidad madrileña de dicho nombre que fue incluido en el programa de Redención de Penas y sus presos fueron los encargados de la construcción de un tramo del ferrocarril Madrid-Burgos. En dicho lugar no se ha exhumado un cementerio de la entidad del asociado al campo de Valdenoceda[165] o, sobre todo, de la magnitud del cementerio de "la Tahona" de Uclés, pero al tratarse de un destacamento penal que ha permanecido prácticamente intacto hasta nuestros días (el hecho de haber albergado tras su cierre una cuadra para el ganado lo ha salvaguardado) hace posible que con el estudio del material recuperado de las excavaciones arqueológicas, el análisis del propio inmueble y la información documental, se pueda comprender mejor la historia y las condiciones de vida de los presos españoles de la posguerra.

En un principio puede parecer que la ocupación del Monasterio de Uclés y, por ende, del cementerio de "la Tahona", abarca un lapso de tiempo aparentemente corto (entre 1936 y 1943), pero como ya se ha visto se trata de dos momentos muy bien diferenciados (guerra y posguerra), con dos usos muy dispares (hospital y cárcel) y diversos grupos poblacionales en cada momento (militares y civiles en el hospital y presos durante la posguerra). Esta variedad en cuanto a tipologías de uso y distintos tipos de población verá su reflejo dentro del material asociado recuperado durante las campañas de excavación y exhumación arqueológica.

Fase de Hospital (1936-1939)

Nos encontramos ante un momento tan complejo como una guerra y en un contexto tan particular como un hospital. De ahí que dentro del material asociado de esta fase primen los objetos y utensilios más relacionados directamente con prácticas médicas.

---

164 FALQUINA APARICIO, Álvaro; FERMÍN MAGUIRE, Pedro; GONZÁLEZ RUIBAL, Alfredo; MARÍN SUÁREZ, Carlos; QUINTERO MAGUA, Alicia y ROLLAND CALVO, Jorge: "Arqueología de los destacamentos penales franquistas en el ferrocarril Madrid-Burgos: el caso de Bustarviejo." en *Complutum* vol.19, 2 (2008), pp. 175-195.

165 RIOS FRUTOS, Luis; MARTÍNEZ SILVA, Berta; GARCÍA-RUBIO RUIZ, Almudena y JIMÉNEZ, Jimi: "Muertes en cautiverio…" ob., cit.

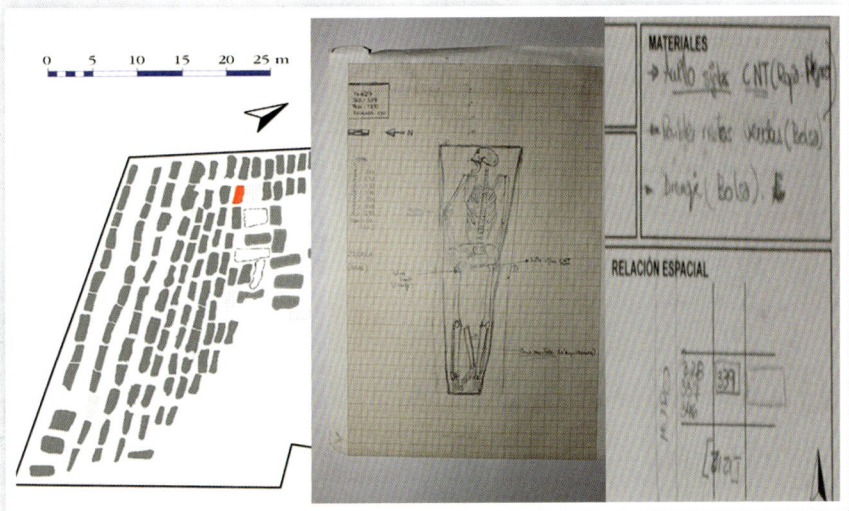

Figura 18. Ubicación de la fosa [U.E. 1210] y dibujo y ficha arqueológica.

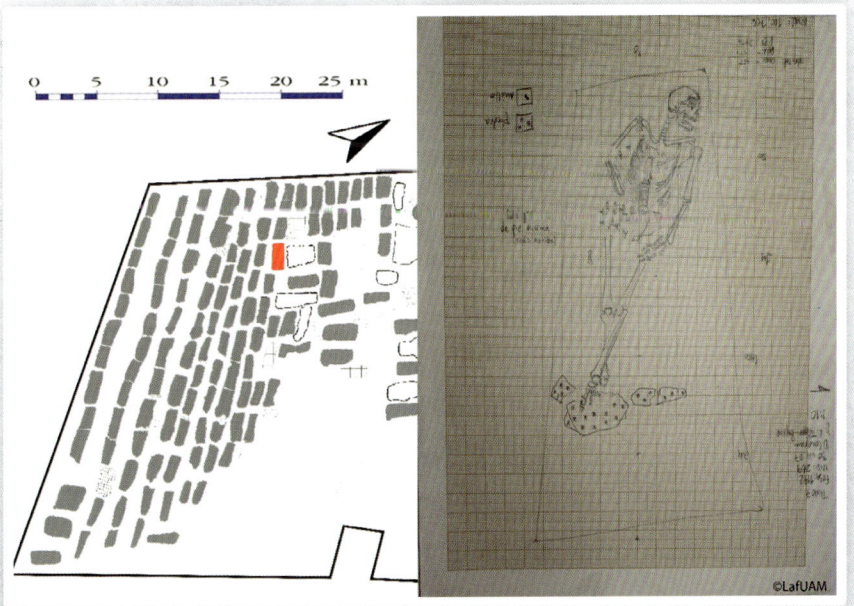

Figura 19. Ubicación de la fosa [U.E. 1192] y dibujo arqueológico del Individuo 269.

Comenzando por los objetos personales de los militares inhumados en esta zona de "la Tahona", lo primero que llama la atención es la baja representación de restos de indumentaria militar, lo cuales se reducen a la presencia, minoritaria, de botones. Uno de los elementos de vestimenta que mejor se conservan, siendo un muchos de los casos lo único que ha llegado hasta nuestros días, es el calzado. Pues bien, en este caso dentro de la población del hospital no se han documentado restos de posibles zapatos o botas. La razón más probable para justificar esta ausencia de zapatos puede deberse al funcionamiento interno del hospital, es decir, cuando llegan los milicianos o soldados republicanos heridos son despojados de sus ropas (en muchos casos llegan directamente del frente, es imaginable pensar en las condiciones en que llegaron sus vestimentas) para pasar a usar ropa hospitalaria con la que acabaron siendo inhumados. En el caso de las botas, estas son un bien preciado y no sería de extrañar que las de los fallecidos acabaran siendo reutilizadas en el frente.

Si bien es cierto, otra serie de elementos si que han sido documentados durante la excavación arqueología de este sector de "la Tahona":

a) Objetos personales

Nos encontramos con dos casos de objetos personales de relevante singularidad y entidad. El primero de ello se trata del individuo 339 exhumado de la fosa [1210] la cual se encuentra próxima al muro califal. Se trata de una inhumación en la que tenía asociados los restos de la amputación número 12 (extremidad inferior) situados dentro del ataúd y entre las piernas del individuo y, a su vez, estaba cubierto por los restos óseos del individuo 329.

La presencia de los restos de vendas, sondas a la altura de la cabeza del fémur derecho y, sobre todo, la amputación no perteneciente, aunque si asociada al individuo en cuestión, evidencian sin ningún tipo de duda posible su adscripción con la fase de hospital militar del Monasterio de Uclés. En cuanto al material asociado a este individuo destaca la presencia de un anillo. La simbología del mismo, con una inscripción con las siglas CNT (Confederación Nacional del

Trabajo) nos arroja información relevante y susceptible de ser utiliza-da para complementar los estudios antropológicos y de AND a la hora de abordar una posible identificación. Por los listados de personas sabemos que algunos anarquistas acabaron falleciendo el hospital de Uclés, aunque no tantos, como el caso de un miliciano perteneciente a las milicias que conformaban la columna del anarquista leonés José Buenaventura Durruti, el cual encajaría perfectamente en el perfil del dueño de este anillo.

Por último, dentro del estudio de objetos personales hallados aso-ciados a individuos adscritos al hospital de Uclés, nos encontramos nuevamente con otro anillo. Se trata del individuo 269 exhumado de la fosa [1192] situada en la zona próxima al comienzo del Sector II. Esta fosa contenía los restos de tres individuos superpuestos (269, 275 y 280). El individuo 269 había sido inhumado en ataúd en una fosa rectangular de orientación oeste-este con una longitud de 226 cm y de ancho 70 cm en su punto mínimo y 122 en su máximo ancho.

Se trata de un varón adulto, de entre 45 y 50 años de edad y unos 162-166 cm de estatura y no presenta evidencias a nivel óseo de los posibles traumatismos o heridas que le llevaran a acabar siendo ingre-sado en Uclés e inhumado en "la Tahona". En cuanto al material aso-ciado destaca la presencia de un anillo encontrado entre las falanges de la mano izquierda. Se trata de un caso especial ya que el anillo está formado por dos óvalos que presentan en su interior dos fotografías, mejor conservada la izquierda, donde se puede observar perfectamen-te la cara de una mujer que bien podría estar emparentada o tener algún tipo de relación con el difunto.

b) Material médico

Dentro de un contexto tan característico como una guerra civil, el material siempre es muy valioso tanto a nivel militar como, en el caso que nos ocupa, el médico. De ahí que el conocido como "esfuerzo bé-lico" vaya encaminado en la producción y acaparamiento del material necesario mediante incautaciones y nacionalización de fábricas, por ejemplo. Pero, además, también se pondrá especial atención en evitar

Figura 20. Anillo con fotografías de familiares o personas cercanas al Individuo 269.

Figura 21. Sondas para drenaje. Fotografía de la izquierda asociadas al Individuo 255 y derecha asociadas al 387.

el derroche del material junto con la máxima reutilización siempre que sea posible. Debido a esto, a pesar de que nos encontramos ante el cementerio de un hospital, los hallazgos de objetos asociados a individuos inhumados que atestigüen su paso por el centro sanitario y el haber recibido tratamiento médico es escaso en su variedad, aunque si contamos con algunos ejemplos.

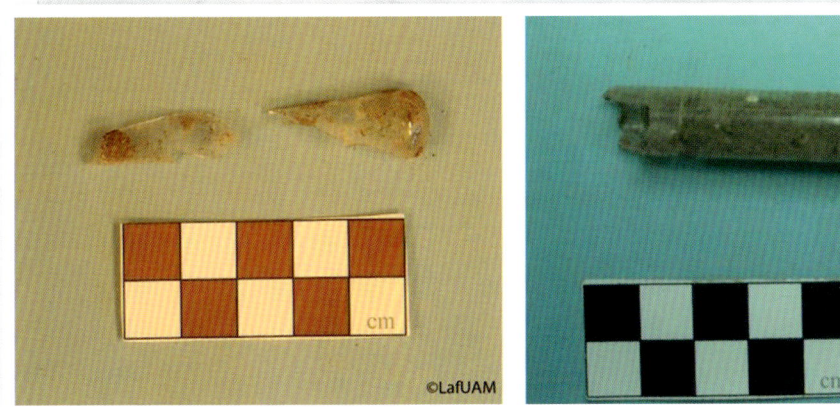

Figura 22. Ampollas de vidrio para medicamentos asociadas al Individuo 407.

En primer lugar, el objeto médico que más frecuentemente ha sido hallado son las sondas para drenaje en las heridas. Se trata de pequeños tubos, generalmente de plástico o silicona, que suelen aparecer asociados a individuos que han sufrido lesiones traumáticas además de aparecer en algunos casos juntos a restos de miembros amputados. Por su carácter son un elemento de muy difícil reutilización de ahí que aparezcan en un elevado número. Desde un punto de vista puramente arqueológico, este elemento nos sirvió para fechar cronológicamente algunas de las fosas que por sus características o su localización no estaba aún demasiado claro su pertenencia a la fase de hospital o cárcel, ejerciendo casi como "fósil guía" si se permite el argot arqueológico clásico.

Un segundo elemento relacionado con los cuidados de los enfermos del hospital que ha sido documentado con relativa frecuencia son unos pequeños frascos de vidrio, identificados como las ampollas que contenían los medicamentos que les eran suministrados a los pacientes.

En el apartado relativo a las intervenciones médicas documentadas a través de los restos óseos de "la Tahona" ya hicimos mención a un caso de un individuo (005) que fue tratado con la técnica conocida como "método español" y como esta ha podido ser documentada gracias a la aparición de dicho individuo con el torso enyesado.

Figura 23. Restos del enyesado del Individuo 005.

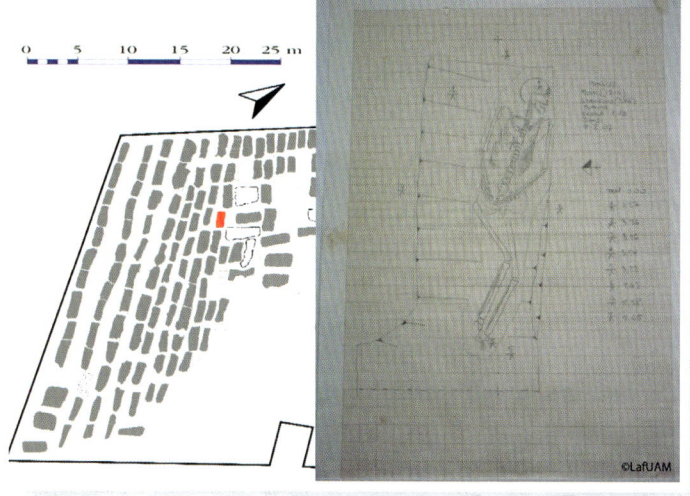

Figura 24. Ubicación de la fosa [U.E. 1210] y dibujo arqueológico del Individuo 384.

Como apunte, comentar que el individuo 005 fue exhumado manteniendo el yeso que cubría su tórax con el objeto de mantener el máximo grado de integridad tanto de ese material de sujeción como de los propios restos óseos del individuo, a fin de ser analizado debidamente en el laboratorio. Una vez en las instalaciones del LafUAM fue retirado todo el yeso para un correcto estudio antropométrico y antropológico de los restos.

Figura 25. Cojín hinchable
asociado al Individuo 384.

Para finalizar dentro de este análisis del material médico, en la fosa [1210], una de las últimas dentro de la zona de hospital y cerca ya de la parte donde comienza el Sector II, fue hallado un elemento, que, si bien no es puramente médico, está relacionado con el cuidado y atención de los enfermos. El individuo 384, fue inhumado en una fosa de 166 cm de longitud por 29 cm de ancho mínimo y 82 cm en su punto más ancho. Se trata de una fosa simple, primaria, individual y sin ataúd, donde el individuo fue depositado decúbito supino con una orientación este-oeste.

En cuanto al material asociado, este individuo fue inhumado con un cojín o flotador hinchable de forma circular con una apertura en forma de boquilla en uno de sus lados para ser hinchado manualmente. Este cojín fue encontrado baja la pelvis de este individuo, el cual sufriría de alguna dolencia o herida que le afectaría la parte posterior de su cuerpo entorno al final de la columna vertebral y los glúteos.

c) Elementos militares

No podemos olvidar que se trata de un hospital eminentemente militar, creado para atender las necesidades de los militares, milicianos y brigadistas que luchaban en los frentes de la guerra civil. Sin embargo, como se apuntó anteriormente, los heridos al llegar al hospital eran

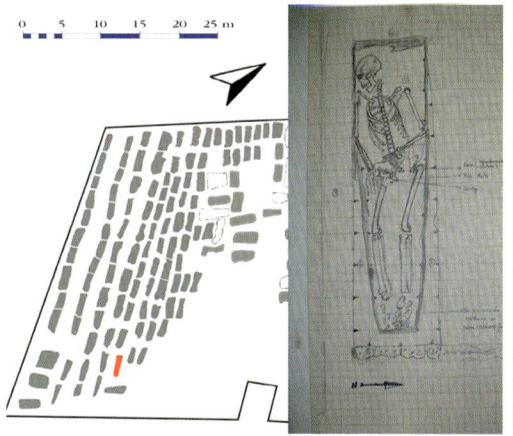

Figura 26. Ubicación de la fosa U.E. 1213 y dibujo arqueológico del Individuo 409.

Figura 27. Bala asociada al Individuo 403 hallada en la zona de la pelvis.

despojados de sus ropas para ser atendidos y pasar su convalecencia en el centro, de ahí que a la hora de ser inhumados no lo hicieran con elementos militares típicos de las ropas de los combatientes.

Una de las características de estos hospitales de sangre era recibir a los heridos directamente del frente, como sería el caso del individuo 409 inhumado en la fosa [1213]. Se trata de una fosa individual, con orientación este-oeste de 190 cm de longitud por 28 y 60 centímetros de ancho mínimo y máximo respectivamente. Dentro de la fosa este individuo fue inhumado en ataúd de madera y decúbito supino.

La principal característica de este individuo es que presenta la pelvis completamente fracturada y en dicha zona fueron documentados restos de sondas de drenaje y una bala incrustada.

Este hallazgo evidencia que esta persona sufrió un impacto de bala en la zona de la cadera, con orificio de entrada, pero no así de salida, ya que la bala impactó con los huesos de la pelvis, fracturando a su paso ilion, isquion y pubis. A su llegada al hospital seria operado, de ahí el hallazgo de las sondas de drenaje, pero no fue posible extraerle la bala. Estas heridas, además otras posibles que no dejasen huella en el registro óseo llevaron a este combatiente a la muerte, siendo inhumado en "la Tahona" aún con las sondas y la bala en su interior.

Ya vimos en el apartado relativo a objetos personales, como es posible adscribir a un miliciano con una de las columnas gracias a la presencia de un anillo de la CNT. Pues bien, contamos con otro elemento material asociado a otro de los militares fallecido en el hospital el cual nos aporta información útil para su posible identificación. Si bien es un objeto personal, debe ser mejor analizado desde el punto de vista militar, al tratarse de una insignia.

Nos referimos concretamente al individuo 407 exhumado en la fosa [1218]. Se trata de una de las grandes zanjas excavadas para inhumar los fallecidos del hospital y, concretamente, esta fosa se encuentra junto al muro sur y próximo a la esquina sureste del recinto de "la Tahona". Fue inhumado en una fosa doble, como la inmensa mayoría en esta zona del hospital, estando este individuo en cuestión cubierto por los restos óseos del individuo 404.

Asociado a este individuo fue encontrada una insignia metálica que, tras analizarla detalladamente y consultar con varios compañeros expertos en historia militar e incluso algún militar de carrera, se llegó a la conclusión de que se trata de una insignia del carro de combate Renault FT-17. Este tipo de tanque francés fue utilizado en la Primera Guerra Mundial, Guerra Civil española y Segunda Guerra Mundial.

El 23 de junio de 1919 España adquiere del gobierno francés el primer Renault FT. Posteriormente, en agosto de 1921 se compraron diez Renault FT armados con ametralladoras Hotchkiss de 7 mm, que fueron a prestar servicio en la Sección de Infantería de la Escuela Central de Tiro[166].

Una vez estalla la Guerra Civil (verano de 1936), cinco de estos carros quedaron bajo control del bando gubernamental, de los cuales dos de éstos tomaron parte en los ataques al Cuartel de la Montaña y

---

166 MANRIGUE GARCÍA, José María y MOLINA FRANCO, Lucas: *Las armas de la Guerra Civil Española*. Madrid, La Esfera de los Libros, 2006.

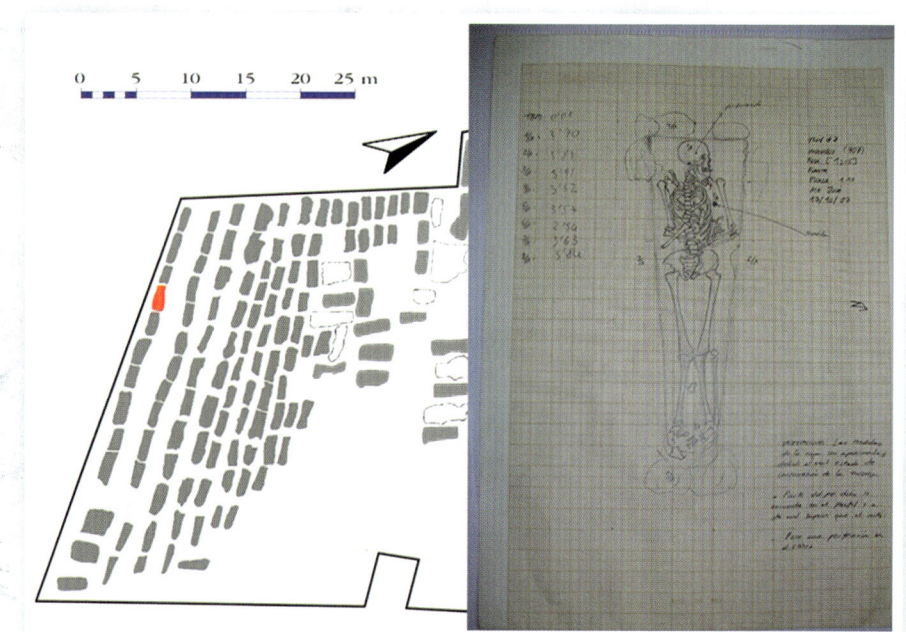

Figura 28. Ubicación de la fosa U.E. 1218 y dibujo arqueológico del Individuo 404.

de Campamento, en Madrid. La presencia de estos carros de combate esta atestiguada además en tareas de apoyo a las milicias enviadas
al puerto del Alto del León hasta que fueron relevados el 27 de julio.
Intervinieron también en la defensa de Mérida, Don Benito y en el
posterior contraataque contra Mérida. El 5 de septiembre se perdie-
ron dos de los FT en Talavera de la Reina (Toledo), y los tres que
quedaban fueron utilizados en los ataques contra Maqueda entre los
días 22 y 24 de septiembre. Una vez de vuelta a Madrid, participaron
activamente en la defensa de la capital en los combates desarrollados
en la Casa de Campo, donde los tres Renault supervivientes resultaron
destruidos durante el invierno de 1936.

Pues bien, la insignia que utilizaban estos carros de combate como
distintivo era a su vez la que solían portar los encargados de su conducción. Esta insignia, lucida generalmente en gorras o solapas de las
chaquetas, está formada por un tanque dentro de una esfera, siendo

162

 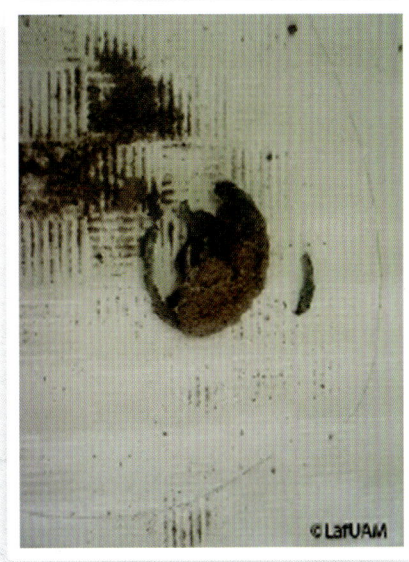

Figura 29. Dos fotografías del elemento metálico asociado al Individuo 404 identificado como una insignia de los carros de combate Renault FT-17.

Figura 31. Estrella de seis puntas hallada asociada al individuo 091.

Figura 30. A la izquierda, Insignia de los carros de combate Renault FT-17.
Fuente: http://periodismodelmotor.com/historia-logotipo-renault/103969/historia-logotipo-renault-1910/. A la derecha, tanque Renault FT-17 expuesto en el Musée de l'Armée, París. (fotografía del autor).

un ejemplo de esta la hallada asociada al individuo 404 de "la Tahona" de Uclés.

En último lugar dentro del material asociado a las personas fallecidas en el hospital del Monasterio de Uclés y, más concretamente, dentro de esta categoría de elementos militares contamos con un último ejemplo. Se trata del individuo 091, enterrado en ataúd y en posición de decúbito supino con orientación este-oeste. Se trata de un varón de entre 20-30 años y talla de unos 147-155 cm. A nivel óseo presenta una fractura, probablemente debida a efecto de metralla, en el tercio distal del fémur derecho (cercana a la articulación de la rodilla) con principio de osificación. Se recuperó junto al cuerpo una insignia con forma de estrella de seis puntas indicativa del rango de esta persona. Una estrella para alférez, dos para teniente y tres para capitán. Su identidad podría corresponderse entonces a la de algún soldado con uno de estos rangos presente en las listas.

Fase de Cárcel (1940-1943)

En este punto vamos a analizar el material asociado a las inhumaciones de "la Tahona" adscritas a la fase de ocupación del Monasterio de Uclés como cárcel de partido durante tres años en la posguerra. Para una mejor comprensión, vamos a dividir este material asociado en dos categorías: en primer lugar, los elementos relacionados con la vestimenta (botones y calzado, principalmente) y, en segundo lugar, los objetos personales, los cuales ya nos dan una idea más global acerca del día a día dentro de la prisión.

a) Vestimenta

Al igual que ocurriera con la fase de hospital, la conservación de restos de vestimenta es muy escasa, por no decir prácticamente nula, ya que el tiempo transcurrido y las condiciones y cualidades del sedimento no favorecen la conservación de elementos como la tela. Sin embargo, tenemos características bien diferenciadoras en cuanto a la fase de hospital, ya que, durante su estancia en la prisión, los reclusos no se encuentran uniformemente vestidos y sí que presentan calzados

Figura 32. Ejemplos de botones asociados a individuos (172 izquierda y 178 derecha).

distintos, siendo este uno de los elementos mejor conservado hasta nuestros días.

Sin embargo, el elemento más representativo de la vestimenta de los presos que ha sido hallado asociado a los individuos exhumados son los botones, ya que en su mayoría solían vestir camisas cuya tela no se ha conservado. En cuanto a tipología, se trata normalmente de botones de plástico circulares en varios colores predominando los tonos claros. Son botones generalmente con cuatro perforaciones para la unión mediante hilo a la camisa.

Otro elemento de la vestimenta susceptible de ser conservado y que a veces suele aparecer son los cinturones. Sin embargo, no toda la población reclusa estaría en disposición de poseer uno, y en el caso de tenerlo el material afecta a su conservación, ya que casi exclusivamente aquellos cinturones confeccionados con cuero han conseguido llegar hasta nuestros días en mejor o peor estado. En algunos casos estos cinturones pueden estar asociados a piezas metálicas correspondientes con las hebillas. En "la Tahona" contamos con algunos ejemplos como son los restos del cinturón del individuo 168 de la fosa [1129] del Sector III.

Figura 33. Ejemplo de cinturón hallado en la exhumación de "la Tahona" asociado a individuo 168.).

Figura 35. Suela de esparto del Individuo 175.

Figura 34. Anverso y reverso de una suela de goma asociadas al Individuo 207.

El último elemento característico dentro de la vestimenta documentado en la excavación arqueológica de "la Tahona" es el calzado. Al contrario de lo ocurrido en la zona de hospital, en los dos sectores adscritos cronológicamente a la fase de cárcel (Sectores II y III) el calzado es el elemento de vestimento mejor conservado estando casi presente en la totalidad de las personas exhumadas. La tipología de calzados presente atiende principalmente a tres tipos de zapatos: zapatos con suela de goma, abarcas con suela de esparto o botas. Se trata del tipo de calzado característico de la población representada dentro del espectro de reclusos de la prisión de Uclés, donde la gran mayoría de jornaleros y campesinos conquenses del entorno llevarían esta tipología de calzado, relacionado con dicha clase social y semejante actividad económica.

En la imagen anterior se muestran una suela de goma perteneciente al individuo 207, exhumado en la fosa [1148] del Sector III. Son suelas de goma dura que favorecen su conservación en contrapuesto al material más perecedero que formaría el resto del calzado. En la imagen de la derecha se puede ver en el centro un circulo con la talla de pie del individuo (un 42 de la época, ya que hay que tener en cuenta que la numeración cambió posteriormente), dato que nuevamente puede ser de utilidad para la posterior identificación de los restos.

Por su parte, la suela de esparto es muy representativa de un tipo de vida y sociedad eminentemente agrícola dentro de la España de principios del siglo XX. Fue utilizada para confeccionar abarcas antes de la utilización generalizada de la goma teniendo una larga pervivencia en el tiempo hasta casi nuestros días. Debido al segmento de población que fue encarcelada en el Monasterio de Uclés, esta tipología de calzado es uno de los más representados dentro de nuestra muestra. En la fotografía inferior se puede observar una de las suelas del individuo 175 de la fosa [1121], preso fusilado e inhumado en el Sector II.

El último de los tipos de calzado presente dentro "la Tahona" son las botas, aunque en menor proporción que los calzados con suelas de goma o esparto. En su mayoría de trata de botas de cuero con caña hasta el tobillo y suela conformada mediante la unión de varias láminas de cuero claveteadas.

b) Objetos personales

En este apartado se presentan los objetos personales más representativos hallados asociados a las personas inhumados tanto en el Sector II como en el Sector III de "la Tahona". Se trata de elementos que evidencian el carácter personal de sus portadores, así como condiciones de vida dentro de la prisión. Aquí se expondrán, por tanto, los objetos más relevantes que han sido hallados durante la excavación arqueológica siendo en su mayoría objetos de carácter privado.

- Lapiceros.
Se trata de un elemento que ha sido hallado en un elevado porcentaje. Dentro de la ideología del preso, de su día a día dentro de los muros

Figura 35.
Suela de esparto
del Individuo 175.

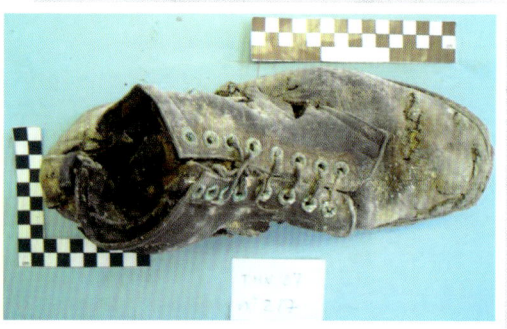

Figura 36. Ejemplos de botas halladas asociada a individuos en la exhumación de "la Tahona".

de la prisión o del campo de concentración, su vida anterior en libertad siempre está presente. Así, dentro de esos pensamientos nostálgicos, emergen sobre todo sus familiares, padres, esposa, hijos, etc., de ahí que un pequeño esfuerzo casi diario sea el de escribir cartas a dichos familiares o redactar unas pequeñas memorias o dibujos con la esperanza de que sean leídos algún día.

Para llevar a cabo este propósito, los presos guardaban los lapiceros como un bien preciado, generalmente escondidos entre sus ropas, lo que ocasionaba que acabasen siendo enterrados con los mismos. En "la Tahona" han sido documentados varios casos de presencia de lápices junto a los restos óseos, generalmente en zonas cercanas a la pelvis, es decir, estarían guardados en los bolsillos de los pantalones.

Figura 37. Lapicero asociado al Individuo 210.

Figura 38. Material asociado al Individuo 100 donde destaca un lapicero y restos de papel.

El primero de los casos es el Individuo 210 de la fosa [1150] perteneciente al Sector III. Se trata de un preso no fusilado, inhumado en una fosa rectangular con ataúd y orientación Este-Oeste y una disposición decúbito supino.

Otro ejemplo de lápiz conservado es el adscrito al individuo 100 de la fosa [1079], perteneciente al Sector III y ubicada cerca de la esquina noroeste del cementerio de "la Tahona", justo en la zona donde se situaría el antiguo horno de pan que hoy en día da nombre a todo el recinto. Se trata de una fosa primaria, individual y rectangular con orientación oeste-este y medidas 215cm de largo por 80 de ancho, donde el individuo, que no falleció a casa de un fusilamiento, fue inhumado en ataúd de madera en disposición decúbito supino. Junto a sus restos óseos fueron hallados varios fragmentos de papel y dos lápices, así como cinco botones negros y uno blanco.

- Pastillero.
Situada en la esquina noroeste del recinto, en la antigua zona de la fabrica de pan, se encuentra la fosa [1068]. Se trata de una fosa individual rectangular con una longitud máxima de 199 cm y un ancho mínimo de 78 cm y máximo de 96 cm donde fue inhumado el individuo 087 sin ataúd y en disposición decúbito supino con una orientación

oeste-este. La fosa esta incluso algo delimitada por grandes piedras sobre todo en la cabecera y en la zona de los pies. Esta persona, que falleció a raíz de las condiciones del presido, es el ejemplo claro de un preso que no ha quiso o pudo realizar el paso previo de la confesión ante el capellán del campo, se ahí la falta de ataúd y la orientación inversa a la tradicional.

Dentro del material asociado de este individuo destaca un pequeño bote metálico circular, de 4cm de diámetro identificado como un pastillero personal, es decir, un bote donde el preso guardaría la medicación que debiera tomar. Además de este pastillero también aparecieron junto al individuo 087 un pequeño fragmento de un lápiz y tres botones.

Individuo 119, fosa [1083]

Se trata de una fosa común ubicada en el centro del Sector III de "la Tahona" con 4 personas arrojadas en su interior con claros signos y evidencias de haber sido fusilados. Junto a los restos óseos del individuo 119 fueron hallados tres anillos, dos de los cuales contenían las iniciales FS y RR. Apuntar, que se realizaron análisis de ADN con los restos de este individuo y confirmaron su identificación positiva con uno de los presos documentados cuyas iniciales coincidían con FS y que fue fusilado el 29 de octubre de 1941. Así mismo, las iniciales RR corresponden con la esposa del preso fusilado.

Individuo 102, Fosa [1081]

Se trata de un individuo adulto varón, de unos 60 años de edad y 165 cm de estatura. Este preso no fue fusilado siendo inhumado en ataúd en una fosa individual, rectangular y ubicada en la esquina noroeste del cementerio, en la zona original de la tahona de pan que da nombre al recinto. El individuo presenta una orientación oeste-este y una disposición decúbito supino. En cuanto al material asociado, se trata de uno de los presos que más objetos portaba a la hora de ser enterrado. En primer lugar, fueron documentados una serie de clavos de metal y fragmentos de madera, elementos todos ellos del ataúd que recibió los restos de esta persona.

Figura 39. Material asociado al Individuo 087, destacando un pastillero metálico.

Figura 40. Anillo perteneciente al individuo 119 con las iniciales RR y FS. Estos datos, junto con el análisis antropológico y de ADN permitieron identificar a esta persona.

Figura 41. Restos de madera y clavos pertenecientes a la fosa [U.E. 1081], Individuo 102.

Como material propiamente personal del preso, en primer lugar, destacan unas gafas encontradas junto al cráneo. Estas gafas se encuentran dentro de una funda confeccionada con una tela que las protege. Podemos concluir que pertenecen a esta persona, ya que están inhumadas con él, pero no las tenía puestas cuando fue enterrado. Esta pertenencia de unas gafas es una característica que puede resultar clave o al menos discriminatoria a la hora de establecer una posible identificación de los restos al cotejar los datos arqueológicos y antropológicos con la documentación de archivos y la aportada por familiares.

En último lugar dentro de los objetos personales que conforman el material asociado del individuo 102 nos encontramos con un elemento sumamente interesante. Se trata de dos pequeñas láminas cuadradas de cuero con dos óvalos centrales que albergan sendos elementos metálicos circulares adaptados a la forma del óvalo. Este objeto se ha identificado como un portamedallas, ya que los círculos metálicos son medallas con iconografía cristiana.

La presencia de este portamedallas cristiano es un objeto que hace una referencia indudable a la espiritualidad y creencias del preso al que está asociado. La población española de inicios del siglo XX tenía unas creencias fuertemente arraigadas en el cristianismo. Estas creencias se daban si ningún atisbo de duda incluso dentro de los republicanos convencidos, a pesar de las acusaciones que el régimen dictatorial posterior quiso verter sobre estas personas, vinculándolas con un supuesto ateísmo y sus intenciones de destruir la iglesia católica y sus valores tradicionales.

Individuo 120, Fosa [1093]

Se trata de un individuo varón, con una edad que estaría comprendida entre 55 y 60 años y una estatura entorno a los 165-170 cm. Este preso fue inhumado en una fosa individual del Sector III de "la Tahona", con orientación este-oeste, de 220 cm de largo y 95 de ancho, no presentando restos de ataúd. El individuo, que fue fusilado indubitadamente a raíz de la evidencia de impactos de bala en diversos puntos de su anatomía ósea (sobre todo en el cráneo, el esternón y algunas vertebras) fue arrojado en la fosa en posición decúbito prono, coloquialmente, boca abajo. Se trataría de uno de los individuos fusilados del Sector III que no prestaron confesión antes de su ejecución, de ahí su orientación, disposición y falta de ataúd.

En cuanto al material asociado, este individuo destaca por la presencia de varios objetos personales de relevancia. En primer lugar, junto al

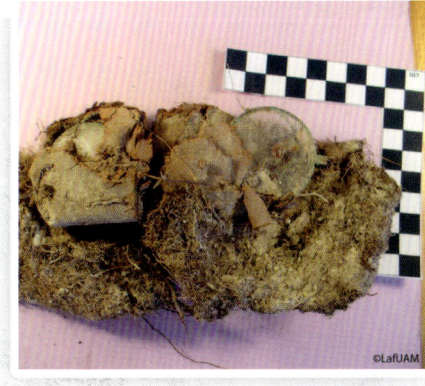

Figura 42. Gafas envueltas en una funda de tela pertenecientes al Individuo 102.

Figura 43. Portamedallas y detalle de una de las medallas que representa a Jesucristo.

costado derecho se halló una cartera de cuero que seguramente portaría dentro un bolsillo de la camisa.

En segundo lugar, en la mano derecha del individuo, ubica sobre la pelvis, fue encontrado un anillo del tipo alianza, que por su oxidación evidencia no ser de oro puro, si no seguramente llevaría un baño exterior dorado para el acabado y del que no se ha podido identificar ningún tipo de inscripción que nos ayudase a la identificación de esta persona.

Por último, dentro de los objetos personales de este preso, destaca el hallazgo de tres monedas y una insignia circular metálica, todas ellas encontradas asociadas al pie derecho del individuo. Las tres monedas

Figura 44. Cartera hallada a la altura del tórax del Individuo 120.

Figura 45. Material asociado al Individuo 120 destacando un anillo (a la izquierda en la fotografía).

Figura46. Anverso (izquierda) y reverso (derecha) de las tres monedas republicanas halladas en el tobillo del Individuo 120. A la derecha, una ficha metálica.

son de una peseta del año 1937, es decir, se trata de monedas republicanas que con total seguridad el preso escondía dentro de su calcetín. Este hecho es sumamente significativo y nos habla de las convicciones políticas y personales de una persona que acabo en un presido debido a unos ideales, ideales que decidió mantener hasta el final de sus días guardando simbólicamente como un tesoro dentro de su calcetín estas monedas del régimen que había defendido y representado hasta el final de sus días frente al pelotón de fusilamiento.

En cuanto al cuarto elemento, la insignia metálica documentada junto a las monedas y que aparece con algo de tela aún adherida, ha sido identificada como una ficha de latón en cuyo anverso posee una inscripción

Figura 47. A la izquierda, ficha original del Individuo 120.
A la derecha, fotografía de una de estas monedas.

que recorre la circunferencia y dice: "Trabajadores de la Distribución. Valencia" y en el centro: "2 pesetas. UGT-CNT". Se trata de una ficha utilizada por los trabajadores de dicho sector a la hora de fichar la jornada laboral. Este elemento, nuevamente puede ser de vital importancia para determinar la identificación del preso en cuanto a su posible procedencia.

Último objeto exhumado en "la Tahona"

Durante la campaña de excavación arqueológica del año 2007, cuando la misma se hallaba próxima a su fin, fue hallado en la esquina noreste del recinto de "la Tahona" una estatuilla enterrada a nivel casi superficial y en una zona en la que no se encontraban ya fosas. El hallazgo no fue casual, ya que el equipo se encontraba sondeando esa zona para certificar que no había más fosas aún por excavar. Además, contábamos con el testimonio de algunos testigos directos al Dr. Ángel Fuentes, director de la excavación.

La estatuilla en cuestión se trata de una figura de 30 centímetros que representa a Jesucristo en la crucifixión. Se encontraba exenta de la cruz y había sido deformada, presentando el brazo derecho seccionado y el izquierdo doblado a la altura del codo hasta confrontar el puño con la frente en una clara intención de representar en la figura de Jesucristo el saludo del Frente Popular o saludo antifascista.

La estatuilla fue trasladada a las instalaciones del Departamento de Prehistoria y Arqueología de la UAM donde fue analizada por el Grupo de Investigación de Tecnología y Conservación de Patrimonio, estudio

Figura 48. Fotografía del Cristo hallado en la excavación de "la Tahona" de Uclés

Figura 49. Detalle de las marchas en la sección del brazo derecho. La corrosión se ha producido después del corte.
Fotografía ©Jorge Chamón Fernández.

llevado a cabo en julio de 2008 por el investigador Jorge Chamón Fernández.

En primer lugar, el estado de conservación de la figura es muy bueno, dando la impresión de tener un núcleo metálico muy sano. Toda la estatuilla presenta una pátina verde no continua que muestra debajo de ella una coloración dorada-plateada. En algunas zonas puntuales presenta sales de cloruro de cobre. Así mismo la zona más afectada por sales son las piernas de la estatuilla. Para su estudio se decidió la utilización de dos técnicas, la microscopia óptica y la fluorescencia de rayos X.

a) Microscopia óptica

Lo primero destacable es la falta del brazo derecho de la estatuilla, pudiéndose observar a través del corte que no está conformada por una pieza de metal macizo. Seguramente esté realizada con la técnica de la cera perdida y de una sola colada. La observación de la rotura del brazo muestra una serie de marcas paralelas entre sí, que indican un corte realizado con una herramienta tipo sierra. La separación del brazo no ha sido reciente pues encontramos productos de corrosión sobre las marcas.

Mediante la observación de la superficie de la figura se aprecia que debajo de la corrosión hay una superficie metálica de color dorado y de naturaleza blanda, pues presenta marcas y ralladuras. La zona de la espalda no se encuentra tan afectada por la corrosión como la zona anterior y muestra una superficie con cierta porosidad y rugosidad que no se corresponde con la superficie de un metal. Este dorado que recubre la estatuilla es continuo y muy resistente ya que no se han observado indicios de zonas donde el dorado se haya perdido, sino que se encontrara debajo de los productos de corrosión del cobre.

El brazo izquierdo ha sido doblado sobre sí mismo a partir del codo. El detalle y realismo de la estatua se ha perdido en la zona del antebrazo. Esto indica que se ha utilizado calor local intencionadamente para llevar esta parte de la estatua a un estado semiplástico en el que se pueda deformar y doblar sin que llegue a la fractura. Es notable que el antebrazo presenta una capa de corrosión mayor pero debajo sigue apreciándose el dorado, luego éste no se ha visto afectado por el calor, pero sí es muy posible que produjera corrosión a alta temperatura del metal subyacente.

b) Fluorescencia de rayos X

Dichas pruebas se realizaron tomando una serie de medidas en las siguientes zonas de la estatuilla: Aureola pecho, brazo izquierdo doblado, costillas, espalda, nudo túnica, mejilla y rodillas. La elección de los puntos fue llevada a cabo por el equipo encargado de los análisis. En la siguiente tabla (pág. 176) podemos ver la presencia de elementos químicos en la estatuilla.

Como conclusión principal, señalar que el metal base de la estatuilla es latón. Esto se infiere de las señales del cobre y el cinc que muestran más intensidad de señal, luego son los elementos mayoritarios con presencia de impurezas o trazas de níquel y plomo. Según el criterio de Jorge Chamón, la superficie del metal ha sido tratada con una amalgama de mercurio y, en base al color y textura de la superficie se puede conjeturar que fue dorada con amalgama de mercurio al fuego. En último lugar, ambos brazos han sido modificados posteriormente a

Señal centroide / KeV	Identificación
2,63	Ka1- Cl
3,69	Ka1- Ca
3,94	Kb1- Ca
5,87	Ka1- Mn
6,39	Ka1- Fe; ¿Kb1- Mn?
7,02	Kb1- Fe
7,36	Ka1- Ni
8,04	Ka1- Cu; ¿Kb1- Ni?
8,62	Ka1- Zn
8,93	Kb1- Cu
9,56	Kb1- Zn; ¿La1- Au?
9,96	La1- Hg
10,57	La1- Pb
11,89	Lb1- Hg
12,63	Lb1- Pb

Fluorescencia de rayos X.

su manufactura intencionadamente. Uno fue separado utilizando una herramienta de sierra y el otro fue deformado por medio del calor.

Una vez analizada la figura desde el punto de vista técnico, nos queda su interpretación histórica y arqueológica. Este elemento fue enterrado a poca profundidad en una zona donde previamente se conocía que no había fosas comunes. Una vez localizada la pieza se indagó por parte del equipo entre los pocos testigos presenciales que quedaban a fin de conocer mejor la historia de la misma. Según la información que se extrajo, este Jesucristo era propiedad de los presos, los cuales fueron los encargados de realizar el corte el brazo izquierdo y de doblar el derecho para convertirlo de eso modo en un "Cristo Socialista", según su propia denominación, ya que está realizando el saludo característico de la izquierda española durante la Segunda República y la Guerra Civil. Una vez que fueron contrastados y confirmados los rumores acerca del cierre y, por ende, del traslado de los presos del Monasterio de Uclés hacia otras cárceles de España (la gran mayoría a Ocaña para posteriormente pasar a Cuelgamuros), los propios presos fueron quienes decidieron, en un acto de valentía y compañerismo ejemplares por las consecuencia que habría tenido de haber sido descubiertos, enterrar esta figura en la zona donde ellos sabían perfectamente que descansaban sus compañeros que habían tenido peor suerte. ▌

4. Conclusiones

La excavación arqueológica del improvisado cementerio de "la Tahona" de Uclés es, sin duda, uno de los mayores proyectos asociados a lo que se ha venido a denominar Memoria Histórica o Democrática llevados a cabo en España. Si bien es cierto, no se trata del único ni mucho menos, ya que estos proyectos han aflorado con fuerza en las primeras décadas del siglo XXI con numerosas intervenciones a lo largo de toda la geografía al calor de los movimientos memorialistas y de la investigación científica y en algunos casos en centros penitenciarios semejantes al instalado en el Monasterio de Uclés como es el caso de Valdenoceda, en Burgos.

Sin embargo, con un total de 429 individuos exhumados de un recinto de unos 1900 m² cuantitativamente sí que estamos hablando de una de las mayores intervenciones en cuanto a total de restos recuperados. Otra de las características que hacen especial e inédito este proyecto es el haber documentado 188 individuos de la fase de hospital, complementando de esta forma los estudios que se tenían hasta ahora sobre la sanidad militar y, particularmente, dentro del bando gubernamental.

En este apartado final vamos a realizar un intento de aunar las principales conclusiones a las que hemos podido llegar tras la realización de esta investigación, muchas de las cuales ya se han ido desgranando en los apartados anteriores. Se trata, por tanto, de unas conclusiones generales que intentan aunar toda la información manejada proveniente de las distintas fuentes historiográficas (documental, fotográfica, oral y arqueológica, principalmente). Ante la envergadura del proyecto y de cara a una mejor compresión, vamos a seguir en este punto con la división que hemos mantenido durante las paginas anteriores y que nos ha servido de hilo conductor, es decir, en primer lugar, veremos las conclusiones referentes al uso del Monasterio de Uclés como hospital de sangre republicano durante la guerra civil (1936-1939). En segundo lugar, se abordan las principales conclusiones relativas a los primeros años de posguerra (1940-1943) cuando el monasterio pasó a convertirse en una cárcel de partido al servicio de la represión de la dictadura franquista.

El Monasterio de Uclés como Hospital de Sangre (1936-1939)

Centrándonos, en primer termino, en la fase de hospital, esta exhumación ha arrojado luz, no ya sobre las cuestiones sanitarias, que también, sino sobre la gestión de los fallecidos en un contexto de elevada mortalidad. Debido al carácter de retaguardia de la provincia de Cuenca se decide aprovechar esta zona, entre otras cosas, para incluirla dentro de la red sanitaria. Será con esta premisa como surja el hospital de sangre del Monasterio de Uclés. La elección del lugar no es casual, sino que atiende a razones estratégicas, ya que la localidad de Uclés se encuentra bien resguardada de los frentes, pero, a su vez, perfectamente comunicada dentro del eje Madrid-Valencia, vital para el gobierno republicano. Nuevamente la elección del edificio tampoco va a ser al azar, ya que un inmueble de las características del Monasterio de Uclés ofrecía un sinfín de posibilidades, con amplios accesos y salas de grandes proporciones para establecer las distintas dependencias necesarias tales como quirófanos, baños, salas con camas para los convalecientes, cocinas, etc.

Una vez elegido el sitio, acondicionado el edificio y puesto en funcionamiento el hospital con el personal y material necesarios, surge una nueva cuestión a solventar: la gestión de los fallecidos. No hay que olvidar que se trata de un hospital militar en el contexto de un conflicto bélico, por lo que la mortandad es muy elevada. Para solucionar esta cuestión se decide improvisar como cementerio una zona de la ladera oeste (la opuesta al pueblo) del cerro que corona el Monasterio. En esta área conocida como "la Tahona" serán enterrados los combatientes y civiles fallecidos en el hospital, además de los restos de las amputaciones llevadas a cabo en los quirófanos del mismo.

Gracias a la exhumación de los restos óseos y a excavación arqueológica de dicha área ahora conocemos el procedimiento llevado a cabo durante la fase de hospital para gestionar la inhumación de los fallecidos. Se decidió abrir unas grandes zanjas longitudinales, paralelas entre sí y con una dirección oeste-este comenzando desde la muralla califal que circunda el cerro. Estas zanjas, preparadas para grandes episodios de mortandad, eran compartimentadas en su interior mediante piedras o tierra apisonada para de esa manera crear espacios individuales donde eran depositados los restos del fallecido. Estas zanjas tenían la profundidad necesaria para una vez inhumado un individuo, cubrirlo con tierra y aun así dejar espacio para una inhumación superior. Se trata de grandes zanjas o fosas que, por su conformación pudieran llevar a evocar las fosas comunes más presentes en el ideario popular. Sin embargo, a diferencia de estas últimas y que sí veremos en otros sectores de "la Tahona", en estas zanjas prima el respeto para con los fallecidos, propiciándole un espacio individual dentro la inhumación (los restos eran separados por sedimento o piedras) y sin signos evidentes de haber sido arrojados en la misma, si no más bien depositados cuidadosamente.

Además de estas grandes zanjas, también han sido documentadas fosas individuales que se iban adaptando a las características del terreno, pero siempre respetando una orientación oeste-este.

Continuando con la cuestión relativa al proceso de inhumación, hemos podido atestiguar arqueológicamente una serie de características que nos hablan del nivel de respeto otorgado a los fallecidos por los responsables del hospital o los encargados de las inhumaciones. La orientación de las fosas según la tradición católico-cristiana, la presencia de ataúd de madera en la práctica totalidad de los individuos así como la disposición de los mismo en el interior del ataúd, siempre decúbito supino, nos indican un alto grado de respeto, atención y cuidado con los combatientes y civiles fallecidos en el hospital del Monasterio de Uclés, no dejando nada a la improvisación e invirtiendo un tiempo, valiosísimo en el contexto en el que nos referimos, para proporcionar unas condiciones adecuadas y dignas a los fallecidos.

Las técnicas sanitarias utilizadas durante la guerra civil es un tema bastante bien conocido y documentado, tanto por investigaciones actuales como por testimonios de los propios médicos que participaron directamente en los hospitales militares, remitiéndonos a la bibliografía citada en el apartado correspondiente. Sin embargo, nuevamente la exhumación de "la Tahona" tiene información que aportar a esta cuestión, al documentarse material médico (sobre todo sondas de drenaje) y pruebas de alguna de esas técnicas sanitarias conocidas por la bibliografía como amputaciones, agujas de Kirschner, autopsias y un caso documentado del "método español" (Individuo 005). También fueron documentadas diferentes afecciones a nivel óseo, generalmente fracturas, producidas por los combates en el caso de militares o por bombardeos en lo que a civiles se refiere. De cara a ampliar más en profundidad esta cuestión, volvemos a remitir a las tesis doctorales de Filippo Scalisi Motta y Jesús Manuel Peraza Casajús.

Mención especial merece el caso de las amputaciones. Ha sido documentado un total de 34 amputaciones, primando las pertenecientes a miembros inferiores. La presencia de este número de amputaciones va más allá de la simple constatación de una técnica sanitaria muy recurrente en el momento histórico y el contexto en el que nos encontramos. La principal aportación que hace el estudio del cementerio de "la Tahona" es acerca de la gestión de los miembros amputados después de la operación. Hasta ahora nos encontrábamos ante un vacío documental en esta cuestión, contando solamente con un vago testimonio de la enfermera británica Nan Green, voluntaria en el hospital de Uclés, quien afirmó en sus memorias que "la ropa sucia y los miembros amputados simplemente eran arrojados a una fosa seca". Esta afirmación ha quedado desmentida al no haber sido hallada arqueológicamente dicha fosa con ropa y amputaciones y, sobre todo, al haber documentado todas las amputaciones siempre asociadas a individuos, ya sea aprovechando el fallecimiento de otro paciente para introducir dentro del ataúd la amputación, o amputaciones asociadas al propio individuo operado, evidenciando el fallecimiento del mismo durante la operación o inmediatamente después.

En cuanto al material asociado, la presencia de elementos de vestimenta es escasa, quedando reducida a algunos ejemplos de botones. Uno de los elementos que mejor se conserva dentro del contexto de exhumaciones de la guerra civil y la posguerra es el calzado, sin embargo, dentro de los individuos de la fase de hospital no han sido documentados ejemplos de calzado. Esto nos lleva a pensar en la hipótesis de que estas personas eran enterradas, si no con ropa hospitalaria, al menos si con calzado propio del centro o si él. Una de las posibles explicaciones a esta cuestión es la más que probable reutilización del calzado para paliar la escasez del mismo en los frentes.

Dentro del material asociado debemos destacar el papel jugado por las sondas para drenaje, elemento de difícil reutilización por lo que frecuentemente han sido halladas junto a los individuos que las portaban. Su importancia radica, además de atestiguar procedimientos médicos, en que ejercieron también como elemento conductor o fósil guía (utilizando terminología arqueológica clásica) para adscribir cronológicamente fosas al hospital y delimitar la zona de "la Tahona" utilizada durante la contienda.

Por último, dentro del material asociado, tenemos ciertos elementos militares de los que destacan especialmente dos casos. En primer lugar, el individuo 404, junto al que fue hallada una insignia metálica que corresponde con el distintivo que solían portar los conductores de los carros de combate Renault FT-17. Por tanto, estamos ante el caso mas que probable de un tanquista que acabó falleciendo en el hospital del Monasterio de Uclés y fue enterrado portando aún su insignia identificativa. Esta cuestión, uniéndola a los datos aportados por las fuentes documentales y el análisis antropológico de los restos podría llevar a la identificación de esta persona. En segundo lugar, dentro de estos elementos militares más significativos, tenemos el caso del individuo 091 quien fue enterrado portando una insignia con forma de estrella de seis puntas indicativa del rango de esta persona. En ese sentido, el orden sería una estrella para alférez, dos para teniente y tres para capitán. Su identidad podría corresponderse entonces a la de algún soldado con uno de estos rangos presente en las listas.

Como cierre a esta parte, la excavación arqueológica y exhumación de 188 individuos adscritos cronológicamente al Hospital de Sangre del Monasterio de Uclés ha aportado una serie de información vital para complementar los datos que se tenían acerca de la sanidad militar en el bando gubernamental durante la guerra civil española.

El Monasterio de Uclés como cárcel de partido (1940-1943)

Una vez finalizada la contienda, comienza una política de represión sistemática y de enjuiciamientos enmarcados en una Causa General que llevaría a abarrotar las cárceles hasta casi el colapso. Ante esta cuestión, fueron creadas nuevas prisiones y campos de concentración para albergar este creciente número de presos. Dentro de este fenómeno se enmarca el Monasterio de Uclés, ya que su monumentalidad jugó, nuevamente, un papel determinante, proporcionando las características necesarias para su nuevo uso. La prisión instalada en el antiguo hospital republicano estuvo en funcionamiento entre 1940 y 1943, llegando a pasar, según las fuentes testimoniales, en torno a 5000 presos, en su mayoría conquenses.

Si las características del monasterio fueron cruciales para para tomar la decisión de incluirlo en la red de prisiones al servicio de la represión, no menos determinantes fueron las condiciones ofrecidas por la zona de "la Tahona" para seguir siendo utilizada como improvisado cementerio. Con esto nos referimos principalmente a la nula visibilidad del recinto desde el pueblo al estar en la ladera opuesta y cubierto por el propio monasterio. Los presos condenados a fusilamiento eran sacados del monasterio antes del amanecer por una puerta lateral y conducidos por un pequeño camino que descendía del cerro hasta llegar a un recodo donde se procedía a la ejecución. De este lugar los cuerpos eran transportados recorriendo los escasos metros que distan de "la Tahona".

Una vez decidido que el área de enterramiento utilizado por el hospital va a seguir siendo empleada como improvisado cementerio, se decide acometer una pequeña obra. En primer lugar, se cierra toda la zona entorno a la muralla califal mediante un pequeño muro de tapial, creándose así el actual recinto de alrededor de 1900 m². El acceso a dicho cementerio se situó originalmente en el muro sur, por lo que era necesario caminar sobre las tumbas republicanas para acceder a la totalidad del área, en lo que podemos considerar una total falta de consideración y respeto hacia los ahí enterrados. Tras delimitar el espacio de "la Tahona" se debe acometer una pequeña obra más, ya que, según la nueva legislación, basada en principios anteriores al periodo republicano, los cementerios deben separar mediante una tapia las zonas católicas de las civiles. Pues bien, dicho muro se levanta en el interior de nuestro recinto, muro visible en las fotografías realizadas en 1945 por el Vuelo Americano y, además, constatado arqueológicamente en las excavaciones llevadas a cabo en el marco de este proyecto.

Esta división interna nos crea dos universos funerarios completamente distintos. El primero de ellos, el cementerio civil, engloba también a las fosas de los combatientes republicanos y es, por tanto, un área destinada para presos que no merecen consideración alguna, presos cuya condición no es relevante y acusados de los mayores delitos contra la patria y la fe. Por lo tanto, los reclusos que acabaran inhumados en este cementerio civil o laico (Sector II de nuestra investigación) son todos fusilados y enterrados sin recibir ningún trato de favor ni consideración, depositados en fosas comunes y todos ellos sin ataúd. La orientación de dichas fosas es completamente arbitraria pareciendo no respetar orden alguno y la disposición de los cuerpos en su interior evidencia el haber sido arrojados desde el exterior sin preocupación alguna más allá de que cupieran en la fosa. De este sector de "la Tahona" fueron exhumados los restos óseos de un total de 73 personas.

En cuanto al área católica o confesa (Sector III de nuestra investigación) estaba reservada para los presos que se habían ganado, por así decirlo, la condición de ser enterrado en esta zona. Los presos que eran condenados a muerte tenían la posibilidad la noche antes de la ejecución de presentar confesión ante el capellán del monasterio. Por el número total de individuos exhumados en este sector (168) en comparación con el Sector II (o civil) se puede extraer la conclusión de que la opción de confesar fue mayoritaria. Esto se explica, sobre todo, por el supuesto trato de favor o mejora de las condiciones que se le ofrecía al condenado si realizaba la confesión. Entre este pliego de condiciones está el poder pasar la última noche con algún familiar o amigo que también estuviese preso entre los muros del Monasterio de Uclés, algo tristemente frecuente. Además de esto, si el condenado presentaba confesión se ganaba el derecho a un entierro algo más digno que si no confesaba, obteniendo así la posibilidad de ser enterrado con una orientación según la tradición católica (oeste-este) y dentro de un ataúd. Sin embargo, la presencia de ataúd debe matizarse, ya que este elemento está reservado para los reclusos fallecidos a causa de las condiciones de vida dentro de la cárcel (hambre, frio, hacinamiento, falta de higiene, etc.) y que hayan confesado. Si el preso ha sido condenado al pelotón de fusilamiento, la confesión ante el capellán la garantiza pasar la noche con sus familiares y el ser enterrado dentro del área católica de "la Tahona" pero siempre sin ataúd, de ahí que los individuos exhumados del Sector III que han sido fusilados (84) no presenten ataúd, con la única excepción del Individuo 170 de la fosa [1130].

En cuanto al material asociado, es de especial interés su estudio dentro de la zona de cárcel del cementerio ya que nos puede arrojar información acerca del estilo y condiciones de vida de los presos en el interior del monasterio, así como información potencial para posibles identificaciones. En este caso sí que contamos con más datos sobre la vestimenta en contraposición con el hospital, ya que, además de los botones, en la zona de cárcel se conserva el calzado, presentando tres tipologías principales: con suelas de gomas, con suelas de esparto o botas. En lo referido a objetos personales, el abanico es más amplio destacando elementos como lápices, necesarios para un ejercicio tan disuasorio de la realidad como la escritura, destacando la redacción de memoria o cartas a familiares. En último lugar, las monedas republicanas del Individuo 120 que portaba escondidas en su calcetín, o el caso del "Cristo Antifascista" son elementos con una fuerte carga sentimental, objetos materiales tangible de un sentimiento y simbolismo arraigado entre unos presos convencidos de sus ideales y principios.

Como conclusión final a todo el proyecto de investigación y exhumación de "la Tahona" de Uclés, en primer lugar, los restos de individuos identificados y posteriormente reinhumados de una manera digna junto con sus seres queridos o en el panteón del cementerio de Uclés, justifica sobradamente el esfuerzo y los medios invertidos para llevar a cabo todo este proyecto. Se trata de un trabajo, en consonancia con todas aquellas exhumaciones de represaliados ya sea dentro o fuera de nuestras fronteras, que se hace por y para las víctimas, con el objetivo de dignificar sus restos y su Memoria, pero también para y por sus familiares, en muchos de los casos descendientes directos o parejas de las asesinados (tristemente cada vez menos frecuente por cuestiones puramente biológicas), los cuales son también victimas mudas de toda esta barbarie aguantado durante décadas internamente y en silencio durante su dolor.

Junto a estas consideraciones esenciales, la excavación arqueológica y el estudio llevados a cabo pretenden poner a Uclés y más concretamente a su Monasterio en el lugar que les corresponde dentro de la Historia de España. Hasta ahora los hechos aquí ocurridos durante la posguerra eran conocidos vagamente por la obra de Andrés Iniesta quien, en un esfuerzo encomiable de memoria, nos narra su experiencia dentro del monasterio durante los tres años que duró como campo de concentración. Sin embargo, por muy bien narradas que están, y por muy lucida que se muestra su memoria, así como la de otros testigos que no lo han escrito pero que dieron su testimonio durante la excavación, estos relatos no dejan de ser experiencias personales que inevitablemente, y así debe ser, están fuertemente impregnadas de tintes ideológicos e incluso falta de objetividad natural frente a los hechos.

Lo mismo ocurre si nos referimos a la ocupación del monasterio como hospital durante la Guerra Civil, con peor fortuna ya para esta fase no contamos con relatos personales a excepción de alguna nota como lo narrado por la británica Nan Green, relato que ahora sabemos, al menos, poco fiable en algunos puntos.

Por lo tanto, junto con estos relatos, la información testimonial, la documentación archivística y toda la información obtenida de la excavación arqueológica y estudio de los restos óseos y materiales asociados, se pretende poner sobre la mesa esta parte de la historia del Monasterio de Uclés, testigo mudo de una época difícil, tumultuosa y compleja de la Historia de España.

Finalmente, no quería dejar pasar este punto sin realizar un pequeño llamamiento final. A la hora de realizar un trabajo académico, sobre todo un Trabajo Fin de Máster, suelo pedir a mis alumnos y alumnas que hagan el esfuerzo de proyectar unas futuras líneas de investigaciones abiertas por su trabajo y por las que seguir avanzando en el conocimiento científico. En esa línea, en un ejercicio de coherencia, pretendo esbozar lo mismo que suelo pedir. En primer lugar, tenemos la cuestión de las identificaciones. El proyecto se llevó a cabo para exhumar los restos óseos de las personas fallecidas e inhumadas en "la Tahona" y darles una reinhumación digna junto a sus seres queridos y en un espacio acorde. Aunque en esta obra no se ha tocado la cuestión de las identificaciones por ser objeto de otras tesis doctorales y salirse del marco de estas páginas, es justo matizar que, debido a la propia complejidad derivada de la envergadura del proyecto, no se llegó a una identificación del total de personas exhumadas en "la Tahona". Por lo tanto, una futura línea de investigación bien podría ser llegar a poner nombre a todas las victimas y localizar al máximo posible de descendientes, si los hubiera, con especial atención a los fallecidos en el hospital, cuyo porcentaje de identificación es más bajo.

En segundo lugar, con este trabajo se pretende poner sobre la mesa la historia del Monasterio de Uclés durante la guerra civil y los primeros años de la posguerra. Sin embargo, se trata de un trabajo que gira en torno a un proyecto concreto como fue la exhumación de los restos óseos del cementerio de "la Tahona". Por lo tanto, aún quedan varias líneas de investigación abiertas sobre los acontecimientos ocurridos en el monasterio y que esperamos que en el futuro se puedan ir rellenado las lagunas históricas mediante la investigación metodológica para dar luz a una de las etapas menos conocidas de este singular edificio. En ese sentido, otra de los posibles caminos a seguir, está relacionada con la visibilidad y el acceso de la sociedad al conocimiento científico. En esa línea va esta obra, con la que se pretende poner sobre la mesa todas las cuestiones ya referidas, pero también como historiadores y arqueólogos contamos con un elemento clave en la divulgación como es la museología. Actualmente el Monasterio de Uclés recibe al año numerosas visitas de turistas y el informe del Observatorio de la Cultura sobre 2022, publicado en enero de 2023, lo sitúa en el sexto puesto de toda Castilla-La Mancha. Los turistas que acuden al mismo salen, tras recorrer sus salas y disfrutar de los elementos museográficos instalados, con una idea clara sobre la historia del mismo desde su construcción hasta nuestros días, pero con un claro vacío en el discurso narrativo: la guerra civil española y la posguerra.

Finalmente, como se ha comentado, esta obra pretende aportar su granito de arena al conocimiento del Monasterio de Uclés durante la guerra civil (1936-1939) y los primeros años de la posguerra (1940-1943) sirviendo para acercar al publico en general los hechos ahí acontecidos, así como también para dignificar la memoria de todas aquellas personas que fallecieron entre sus muros y cuyos restos fueron a parar a "la Tahona".

Nota final

Para la redacción del presente libro se ha realizado un trabajo de archivo, lectura, investigación y documentación que está detrás a pesar de que el número de notas y referencias bibliográficas y documentales hayan quedado reducidas al mínimo. El objetivo de esto era tratar de presentar al lector un texto lo más dinámico posible y fácil de leer, correspondiendo con la intención más divulgativa del proyecto.

Como ya se comentó, el presente libro bebe de la tesis doctoral del propio autor, en la cual hay partes que, por cuestiones metodológicas, no han sido tratadas en esta obra. Más en concreto, se trata de aspectos relativos a la historia de la provincia de Cuenca durante la guerra civil española y los primeros años de la posguerra. En dicha tesis se pretendió realizar un acercamiento desde lo general a lo particular, es decir, partiendo desde el marco geográfico de la provincia de Cuenca ir bajando hasta acotar históricamente el Monasterio de Uclés. Tampoco se ha incluido aquí el acercamiento histórico al fenómeno de las exhumaciones de victimas de la guerra civil y la represión que si se llevó a cabo en la tesis, un proceso memorialista que arranca ya a finales de la década de 1970 con diferentes exhumaciones espontáneas y carentes de metodología arqueológica llevadas a cabo por familiares (en muchos casos documentadas por la revista *Interviú*) y que vuelve a despertar en la década de los dos mil y cristaliza con la promulgación de la ley de Memoria Histórica de 2007 con el gobierno socialista de José Luis Rodríguez Zapatero llegando este fenómeno de investigación y memoria hasta nuestro días. Dentro de este proceso podemos enmarcar el proyecto de exhumación de los restos óseos inhumados en "la Tahona" de Uclés.

Un proyecto de la entidad del llevado a cabo para exhumar el total de 429 individuos en un área de unos 1900 m^2 conlleva la puesta en marcha de todo un equipo y una metodología acorde a los objetivos y envergadura del proyecto. En este sentido se ha incluido en esta obra unas referencias a la metodología utilizada al considerarse indispensable su presencia, pero cuyo desarrollo más amplio se encuentra en la tesis doctoral del autor. Nuevamente la razón a esta cuestión radica en la intención de presentar un texto dinámico y comprensible tanto para el publico especializado como para el publico en general.

Finalmente, conviene aclarar que todos los nombre y datos personales incluidos en este libro han sido obtenidos tras consultar en los diferentes archivos y publicaciones. Gran parte de los mismos provienen de documentación presente en Archivo General de la Administración en Alcalá de Henares, el Archivo Militar de Ávila, el Archivo Provincial de

Cuenca o del Centro Documental de la Memoria Historia. En este último se encuentra la documentación relativa a la Causa General, de uso público y abierto, de cuyo análisis para el caso del partido judicial de Tarancón se ha extraído información relativa a los presos de la cárcel del Monasterio de Uclés.

En relación a lo anterior, en el siguiente código QR se puede descargar el listado en PDF de las 659 personas que, mediante el análisis de la Causa General del partido judicial de Tarancón, se ha documentado que estuvieron cumpliendo condena en la cárcel del Monasterio de Uclés. Se ha optado por la creación de este código QR con el archivo para evitar engrosar este libro en demasía con el listado completo, pero así dar también la opción a todos aquellos que lo deseen de poder consultarlo. En dicho listado figuran los presos con su nombre y apellidos y está ordenado por la localidad de procedencia en orden alfabético. Así mismo, en el caso de tener constancia de ello, se ha indicado si el preso fue fusilado o si falleció en el penal de manera "natural", es decir, a causa de las condiciones de vida de la cárcel y la fecha de defunción. Hay muchos casos en los que no figura ninguna causa de muerte por lo que podemos suponer que esas personas sobrevivieron a su cautiverio en Uclés o, al menos, estaban vivos en el momento de la redacción de los documentos consultados. ▌

Bibliografía y fuentes

• ALBIR HERRERO, Cristina y MEZQUIDA FERNÁNDEZ, Miguel: "El hospital de sangre de los Corrales de los Garcías, El Collado (Alpuente)", en *La Linde, Revista digital de arqueología profesional*, 2, (2014), pp. 45-59.

• ALÍA MIRANDA, Francisco., HIGUERA CASTAÑEDA, Eduardo y SELVA INIESTA, Antonio (coord.): *Hasta pronto, amigos de España: Las Brigadas Internacionales en el 80 aniversario de su despedida de la Guerra Civil Española.* Albacete, Centro de Estudios y Documentación de las Brigadas Internacionales, 2019.

• ALÍA MIRANDA, Francisco; DEL VALLE CALZADO, Ángel Ramón y MORALES ENCINAS, Olga M.: *La guerra civil en Castilla-La Mancha, 70 años después.* Cuenca, Servicio de Publicaciones de la Universidad de Castilla-La Mancha, 2008, pp. 1081.

• ALONSO, A: "La identificación genética de las victimas de la guerra civil española", en ARMH: *La represión franquista: mito, olvido y memoria*, Valladolid, Universidad de Valladolid, 2006, pp. 183-193.

• ALPERT, Michael: *El Ejército Republicano en la Guerra Civil.* Cambridge University Press, 2013.

• BARDAVÍO, Joaquín y SINOVA, Justino: *Todo Franco. Franquismo y antifranquismo de la A a la Z.* Barcelona, Plaza & Janés, 2000, pp. 297

• BARRAGUERO, Encarnación y PRIETO, Lucia: *Así sobrevivimos al hambre: estrategias de supervivencia de las mujeres en la posguerra española.* Málaga, Diputación de Málaga, 2003.

• BASS, William: *Human osteology. A laboratory and field manual.* Columbia, Missouri Archaeological Society, 1995.

• BEEVOR, Antony: *La guerra civil española.* Barcelona, Crítica, 2009.

• BENÍTEZ FRANCO Bartolomé: *Tuberculosis: estudio de la lucha contra esta enfermedad en España.* Madrid, Patronato Nacional Antituberculoso, 1950.

• BERNABÉU MAESTRE, Josep; CABALLERO PÉREZ, Pablo; GALIANA SÁNCHEZ, María Eugenia y NOLASCO BONMATÍ, Andreu: "Niveles de vida y salud en la España del primer franquismo. Las desigualdades en la mortalidad infantil" en *Revista de demografía histórica*, vol.24, nº 1 (2006), pp. 181-202.

• BUCHANAN, Tom: *The impact of the Spanish Civil War on Britain. War, loss and memory.* Eastbourne, Sussex Academic Press, 2007, pp.52.

• CAMPOS POSADA, Ainhoa: *La batalla del hambre. El abastecimiento de Madrid durante la guerra civil (1936-1939).* Tesis doctoral. Madrid, Universidad Complutense de Madrid, 2020.

• CAMPOS DÍEZ, María Soledad: "Hospitales de campaña: Marruecos 1909", en ALÍA MIRANDA, Francisco: *La guerra de Marruecos y la España de su tiempo (1909-1927),* Ciudad Real, Sociedad Don Quijote de Conmemoraciones Culturales de Castilla-La Mancha, 2009.

• CASANOVA, Julián: "La dictadura que salió de la guerra" en, CASANOVA, Julián (ed.): *Cuarenta años con Franco.* Barcelona, Crítica. 2015, pp. 53-77.

• CASANOVA RUIZ, Julián: *La iglesia de Franco.* Madrid, Temas de Hoy, 2001; GÓMEZ BRAVO, Gutmaro: *La redención de penas: la formación del sistema penitenciario franquista, 1936-1950.* Madrid, Catarata, 2007 y GÓMEZ BRAVO, Gutmaro: *El exilio interior.* Madrid, Taurus, 2009

• CENARRO, Ángela: "La institucionalización del universo penitenciario franquista" en, MOLINERO, Carme; SALA, Margarita y SOBREQUÉS, Jaume (eds.): *Una inmensa prisión. Los campos de concentración...* ob., cit., pp. 133.

• DÍEZ NICOLÁS, Juan: "La mortalidad en la guerra civil española" en *Revista de Demografía Histórica-Journal of Iberoamerican Population Studies,* vol. 3 nº 1 (1985), pp. 41-55.

• ESTELLÉS SALARICH, José: "La Sanidad del Ejercito Republicano del Centro", en VV. AA: *Los médicos y la medicina en la guerra civil española,* Madrid, Monografías Beecham, 1986, pp. 41.

• ETXEBERRIA GABILONDO, Francisco: "Panorama organizativo sobre Antropología y Patología forense en España. Algunas propuestas para el estudio de fosas con restos humanos de la guerra civil española en 1936.", en SILVA BARRERA, Emilio; SALVADOR, Pancho y ESTEBAN RECIO María Socorro Asunción: *La memoria de los olvidados: un debate sobre el silencio de la represión franquista.* Valladolid, Ámbito, 2004.

• FALQUINA APARICIO, Álvaro; FERMÍN MAGUIRE, Pedro; GONZÁLEZ RUIBAL, Alfredo; MARÍN SUÁREZ, Carlos; QUINTERO MAGUA, Alicia y ROLLAND CALVO, Jorge: "Arqueología de los destacamentos penales franquistas en el ferrocarril Madrid-Burgos: el caso de Bustarviejo." en *Complutum* vol.19, 2 (2008), pp. 175-195.

- FONDEBRIDER, Luis y MENDONÇA María Cristina: *Protocolo modelo para la investigación forense de muertes sospechosas de haberse producido por violación de los Derecho Humanos*. Oficina del Alto Comisionado para los Derechos Humanos de las Naciones Unidas, 20001.

- FONTANA, Josep: "Prologo" en MOLINERO, Carme; SALA, Margarita y SOBREQUÉS, Jaume (eds.): *Una inmensa prisión. Los campos de concentración y las prisiones durante la guerra civil y el franquismo*. Barcelona, Crítica, 2003.

- FRANK, Viktor: *El hombre en busca de sentido*. Barcelona, Heder, 2015.

- FYRTH, Jim y ALEXANDER, Sally: *Women's voices from the Spanish Civil War*. Lóndres, Lawrence and Wishart, 1991, pp. 93.

- GARCÍA-CARPINTERO LÓPEZ DE MOTA, Jaime: *La Orden de Santiago a través de la cultura material: los señoríos de La Mancha y Uclés a finales de la Edad Media (siglos XV y principios del XVI)*. Tesis doctoral, Universidad de Castilla-La Mancha, 2021.

- GARCÍA FERRANDIS, Xavier: "La asistencia sanitaria en la provincia de Valencia durante la guerra civil española (1936-1939)", en *Revista de la Sociedad Española de Historia de las Ciencias y de las Técnicas*, 34 (73), (2011) pp. 13-38.

- GARCÍA FERRANDIS, Xavier: "La asistencia sanitaria en el frente de Teruel durante la primera campaña republicana (agosto de 1936-febrero de 1937)", en *Sanidad Militar*, 66 (4), (2010), pp. 245-249.

- Gil Vico, Pablo:" Ideología y represión: la causa general: Evolución histórica de un mecanismo jurídico-político del régimen franquista", en *Revista de Estudios Polític*os (Centro de Estudios Políticos y Constitucionales) 101, (1998), pp. 159-189.

- GÓMEZ BRAVO, Gutmaro: "El desarrollo penitenciario en el primer franquismo (1939-1945)" en AROSTEGUI SÁNCHEZ, Julio y GÁLVEZ BIESCA, Sergio, (eds.): *Generaciones y memorias de la represión franquista. Un balance de los movimientos por la memoria*. Valencia, Servei de Publicacions Universitat de València, 2010.

- GÓMEZ BRAVO, Gutmaro: *El exilio interior. Cárcel y represión en la España Franquista (1939-1950)*, Madrid, Taurus, 2009.

- GONZÁLEZ DE MIGUEL, Jesús.: *La batalla del Jarama. Febrero de 1937, testimonios desde un frente de la Guerra Civil*. Madrid, La Esfera de los Libros, 2009.

- HERNÁNDEZ DE MIGUEL, Carlos: *Los campos de concentración de Franco. Sometimiento, torturas y muerte tras las alambradas*. Barcelona, Penguin Random House, 2019.

- HERNÁNDEZ HOLGADO, Fernando: *Mujeres encarceladas. La prisión de Ventas: de la República al franquismo, 1936-1941*. Madrid, Marcial Pons, Ediciones Historia, 2003.

- HORCAJADA GARRIDO, Ángel: *Uclés, capital de un Estado*. Cuenca, edición propia, 1983.

- INIESTA LÓPEZ, Andrés: *El niño de la prisión*. Madrid, Siddharth Mehta Ediciones, 2006.

- KRENZEN, Udo: *Compendio de métodos antropológicos forenses*. Guatemala, Centro de Análisis Forense y Ciencias Aplicadas, 2006.

- LARA BARAJAS, Israel: *Fundamentos de Antropología Forense. Técnicas de prospección, exhumación y análisis de restos óseos en casos forenses*. Ciudad de México, Instituto Nacional de Antropología e Historia, 2009, pp. 48.

- LARRAZ ANDIA, Pablo: *Entre el frente y la retaguardia. La sanidad en la guerra civil: el hospital "Alfonso Carlos", Pamplona 1936-1939*. Madrid, Actas, 2004.

- LAWRENC, John: *War and genocide in Cuba, 1895-1898*. Chapel Hill, University of North Carolina Press, 2008, pp. 193-224.

- LEVI, Primo: *Si esto es un hombre*. Barcelona, El Aleph, 2016.

- LÓPEZ VILLAVERDA, Ángel Luis: *La II República en Cuenca*. Tesis doctoral, Universidad de Castilla-La Mancha, 1994.

- MANRIGUE GARCÍA, José María y MOLINA FRANCO, Lucas: *Las armas de la Guerra Civil Española*. Madrid, La Esfera de los Libros, 2006.

- MASSONS ESPLUGUES, Josep María: *Historia de la Sanidad Militar Española*, Barcelona, Ediciones Pomeres-Corredor, 1994.

- MAZO BURÓN, Luis: "Hospital de sangre de retaguardia", en VV. AA: *Los médicos y la medicina en la guerra civil española*, Madrid, Monografías Beecham, 1986 pp. 245-258.

- MOLERO GARCÍA, Jesús Manuel y GALLEGO VALLE, David: "Un campo lleno de cruces rotas. La batalla de Uclés" en *Desperta Ferro*, 35 (2023), pp. 40-46.

• MOLERO MESA, Jorge: "Enfermedad y previsión social en España durante el primer franquismo (1936-1951)" en *Dynamis: Acta hispánica ad medicinae scinetiarumque historiam illustrandam*, 14 (1994), pp. 199-226.

• MOLINERO, Carme; SALA, Margarita y SOBREQUÉS, Jaume (eds.): *Una inmensa prisión. Los campos de concentración y las prisiones durante la guerra civil y el franquismo*. Barcelona, Crítica, 2003.

• MOLTÓ ABAD, Francisco: "Antecedente de las curas en ambiente húmedo (CAH). El método español de tratamiento de heridas de guerra y el hospital sueco-noruego de Alcoy" en *Gerokomo*, 24 (2004).

• MONTOLIÚ CAMPS, Pedro: *Madrid en la posguerra 1939-1946. Los años de la represión*. Madrid, Sílex Ediciones, 2005.

• MORALES TORRES, Juan: "El método español en el tratamiento de las heridas de guerra" en VV. AA: *Los médicos y la medicina en la guerra civil española*, Madrid, Monografías Beecham, 1986, pp. 157-166.

• MORENO, Francisco: "La represión en la posguerra" en JULIÁ DÍAZ, Santos (coord.): *Victimas de la guerra civil*. Madrid, Temas de Hoy, 1999, pp. 277-406.

• NACIONES UNIDAS: "Protocolo de Estambul. Manual de investigación y documentación eficaces de la tortura y otros tratos o penas crueles, inhumanos o degradantes" en *Serie de capacitación profesional*, 8 (2004), Oficina del Alto Comisionado de la Naciones Unidas para los Derechos Humanos.

• NUEDO LOZANO, Alba: *El abastecimiento de la retaguardia republicana. Albacete (1936-1939)*. Tesis doctoral, Universidad de Castilla-La Mancha, 2023.

• NYISZLI, Miklós: *Fui asistente del doctor Mengele. Recuerdos de un médico internado en Auschwitz*. Oswiecim, Frap-Book, 2011.

• ORTEGA, José Antonio y SILVESTRE, Javier: *Las consecuencias demográficas de la guerra civil*. Santiago de Compostela, X Congreso de la Asociación Española de Historia Económica, 2005.

• PALFREEMAN, Linda: ¡Salud! British volunteers in the republican medical service during the Spanish Civil War, 1936-1939. Eastbourne, Sussex Academic Press, 2012.

• PERAZA CASAJÚS, Jesús Manuel: *Exhumación de la Tahona de Uclés: Estudio Médico-Quirúrgico de noventa individuos*. Tesis doctoral. Madrid, Universidad Autónoma de Madrid, 2010.

• PÉREZ RAMIREZ, Dimas: *Uclés, cabeza de la Orden de Santiago*. Tarancón, Seminario Menor, 1990.

• PICARDO CASTELLÓN, Manuel: "Experiencia personal en un hospital quirúrgico de primera línea durante nuestra guerra civil" en VV. AA: *Los médicos y la medicina en la guerra civil española*, Madrid, Monografías Beecham, 1986, pp. 216.

• PLACER CERVERA, Gustavo y PÉREZ GUZMÁN, Francisco: "Las campañas militares del general Valeriano Weyler durante la guerra de Cuba. Apuntes para una valoración histórica" en *Revista de historia militar*, 90 (2001), pp. 207-230.

• PRESTON, Paul: *La guerra civil española. Reacción, evolución y venganza*. Barcelona, Penguin Random House, 2006.

• PRESTON, Paul: *Palomas de guerra*. Barcelona, Penguin Ramdom House, 2001.

• PRESTON, Paul: *El holocausto español. Odio y exterminio en la guerra civil y después*. Barcelona, Random House Mondadori, 2011.

• REVERTE COMA, Javier: *Antropología Forense*. Madrid, Ministerio de Justicia, 1999.

• RICO, H.: "Bone mass peak and incidence of osteoposis and the Spanis Civil War" en *Calcified Tissue International*, 50 (1992), pp. 104.

• RIERA, Ignasi: *Notícia de la negra nit: vides i veus aa les presons franquistes, 1939-1959*. Barcelona, Associació Catalana d'Expresos Polítics, 2001.

• RIOS FRUTOS, Luis; MARTÍNEZ SILVA, Berta; GARCÍA-RUBIO RUIZ, Almudena y JIMÉNEZ, Jimi: "Muertes en cautiverio en el primer franquismo: exhumación del cementerio del penal de Valdenoceda" en *Complutum*, 2, 19, (2008).

• ROBINSON, W.; JANNEY, J. Y GRANDE-COVIAN, F.: "An evaluation of the nutritional status of a population group in Madrid, Spain, during the summer of 1941" en *Journal of Nutrition*, (1942) 24: 557-584.

• RODRIGO, Javier: *Cautivos: campos de concentración en la España franquista, 1936-1947*. Barcelona, Crítica, 2005.

• RODRÍGUEZ PATIÑO, Ana Belén: *La guerra civil en Cuenca (1936-1939)*. Madrid, Grupo Corporativo Visionnet, 2006, pp. 207.

• RODRÍGUEZ TEIJEIRO, Domingo: "Configuración y evolución del sistema penitenciario franquista (1936-1945)" en *Hispania nova: Revista de historia contemporánea.*, 7 (2007).

• ROJO FERNÁNDEZ, Vicente: "Algunos aspectos de la Sanidad Militar durante las operaciones de Teruel" en VV. AA: *Los médicos y la medicina en la guerra civil española*, Madrid, Monografías Beecham, 1986, pp. 139-156.

• SÁNCHEZ ALBORNOZ, Nicolás: *Cárceles y exilios.* Barcelona, Anagrama, 2012.

• SÁNCHEZ GARZÓN, Alfredo: "El Hospital de Sangre de Torrebaja durante la guerra civil española (1936-1939)" en *Del paisaje, alma del Rincón de Ademuz III, Valencia, 2009.*

• SÁNCHEZ MADRID, Víctor: *El servicio de farmacia en hospitales militares españoles.* Tesis doctoral, Madrid, Universidad Complutense de Madrid, 1995.

• SCALISI MOTTA, Filippo: *Informe antropológico y paleopatológico completo de los individuos de La Tahona de Uclés. Sugerencias de identificación.* Tesis doctoral. Madrid, Universidad Autónoma de Madrid, 2017.

• SMAC Bulletin of October 1937, MML, IBA, 29/B, en PALFREEMAN, Linda: ¡Salud! British volunteers in the republican…, ob., cit., pp158-159.

• VILLALVI, J. y MALDONADO, R.: "la alimentación de la población en España desde la posguerra hasta los años ochenta: una revisión crítica de las encuestas de nutrición" en *Medicina Clínica*, 90 (1988), pp. 127-130.

• VINYES, Ricard: "El universo penitenciario durante el franquismo" en MOLINERO, Carme; SALA, Margarita y SOBREQUÉS, Jaume (eds.): *Una inmensa prisión. Los campos de concentración y las prisiones durante la guerra civil y el franquismo.* Barcelona, Crítica, 2003.

• VV. AA.: "Arqueología de la Guerra Civil", *Desperta Ferro Arqueología & Historia*, 50 (2023).

• WEYLER, Valeriano: *Memorias de un general.* Barcelona, Destino, 2003.

• WEISS, Helga: *El diario de Helga. Testimonio de una niña en un campo de concentración.* Madrid, Sexto Piso España, 2013.

• WHITE, Tim: *The human bone manual.* San Diego, Academic Press, 2005.

Fuentes archivísticas

- AGMAV, C. 1096,6,2 / 1098,22,1 / 1098,2,3

- AGMAV, C.20904,6 / J_AGMAV, DOC 20904, 00006, 00003 – 00023.

- AGA (7) 15.3 41/11933

- AGMAV – 54/4.: Jefatura de Sanidad, Estado Mayor, Ejercito del Centro. *Plan de los servicios sanitarios para las operaciones de Guadalajara. Marzo, 1938.*

- *AGMAV – 129/7.: Jefatura, Sanidad Militar, 12ª división. Marzo-abril de 1937.*

- *BOLETÍN OFICIAL DEL ESTADO, (BOE) nº 173, 1938:3039-3040*

Recursos web

- Archives of the Trades Union Congress: http://www2.warwick.ac.uk/services/library/mrc/explorefurther/digital/scw/browse

- Beatos Mártires Agustinos de Uclés, web de la Diócesis de Cuenca: https://www.diocesisdecuenca.es/beatos-martires-agustinos-de-ucles/

- Campos de concentración del franquismo: http://www.loscamposdeconcentraciondefranco.es/

- Causa General de la provincia de Cuenca: http://pares.mcu.es/ParesBusquedas20/catalogo/description/4600617

- *Complutum*, vol.19, nº 2 (2008): https://revistas.ucm.es/index.php/CMPL/issue/view/CMPL080822

- Donantes de Memoria: https://donantesdememoria.org/

- Fototeca digital del Instituto Geográfico Nacional: https://fototeca.cnig.es/fototeca/

- International Statistical Classification of Diseases and Related Health Problems (ICD), World Health Organization: https://www.who.int/standards/classifications/classification-of-diseases

- Instituto de Historia y Cultura Militar (IHCM): *Diario Oficial del Ministerio de la Guerra 21 de enero de 1937.* https://bibliotecavirtual.defensa.gob.es/BVMDefensa/es/publicaciones/verNumero.do?idNumero=31330

- La Hambruna Española: https://www.hambrunafranquismo.es/proyecto

- Memoria Democrática de Castilla-La Mancha: https://memoriademocrati caclm.uclm.es/

- Spanish Civil War Memory Project. Audiovisual Archive of the Francoist Repression: https://library.ucsd.edu/speccoll/scwmemory/about-esp.html

- The Missing. International Committee of the Red Cross: https://www. icrc.org/en/doc/resources/documents/misc/5g4kdf.htm

- Todos los Nombres: https://todoslosnombres.org/

- VIÑAS, Ángel: "El lado negro del imperio franco-falangista". Consultado el 19 de octubre de 2023 https://www.angelvinas.es/?p=1058

MEMORIA DEMOCRÁTICA DE CASTILLA-LA MANCHA

EL MONASTERIO DE UCLÉS DURANTE

LA GUERRA CIVIL Y LA POSGUERRA (1936-1943)

Anexo

Sondeos llevados a cabo durante la campaña arqueológica de 2005

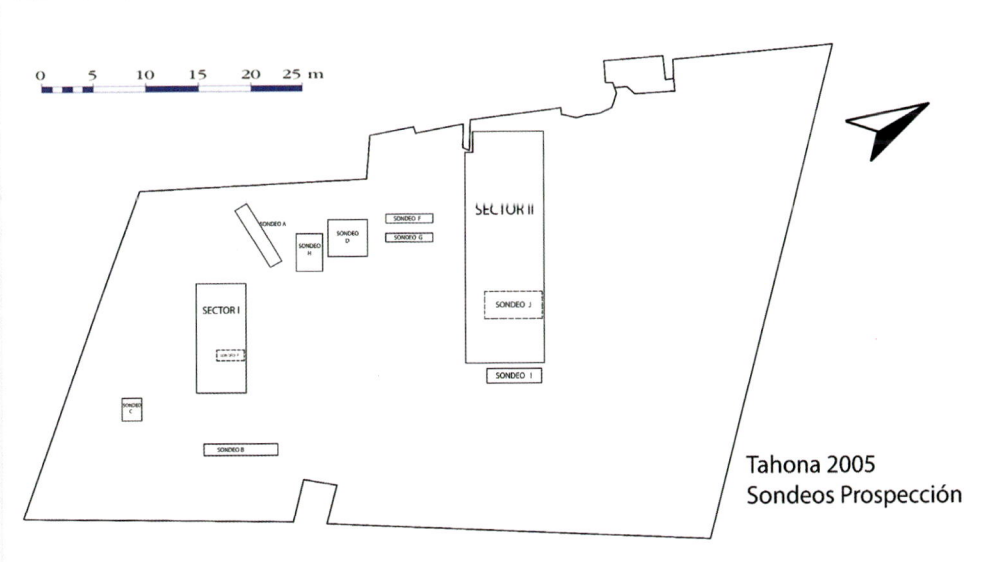

Sondeos llevados a cabo durante la campaña aqueológica de 2006

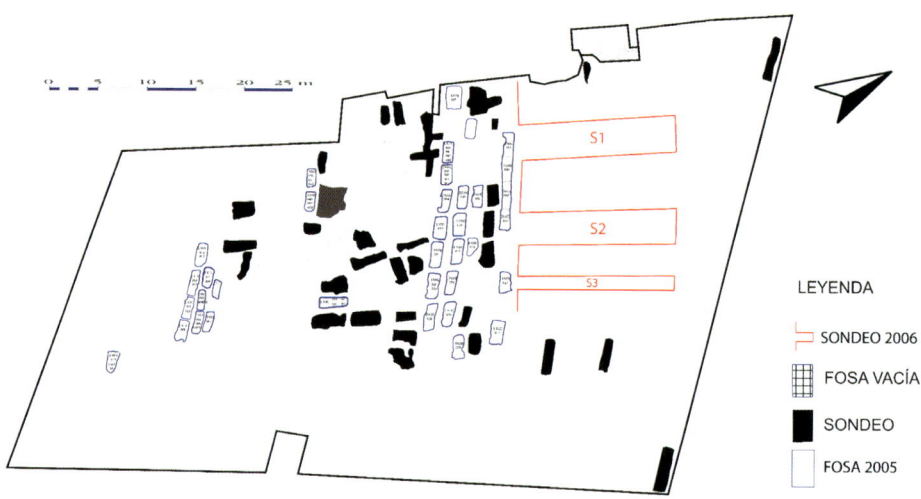

Planimetria de la campaña arqueológica de 2005

Planimetriade la campaña arqueológica de 2006

Planimetria de la campaña arqueológica de 2007

Plano general de "la Tahona" con la numeración de fosas
e individuos otorgada durante la exhumación

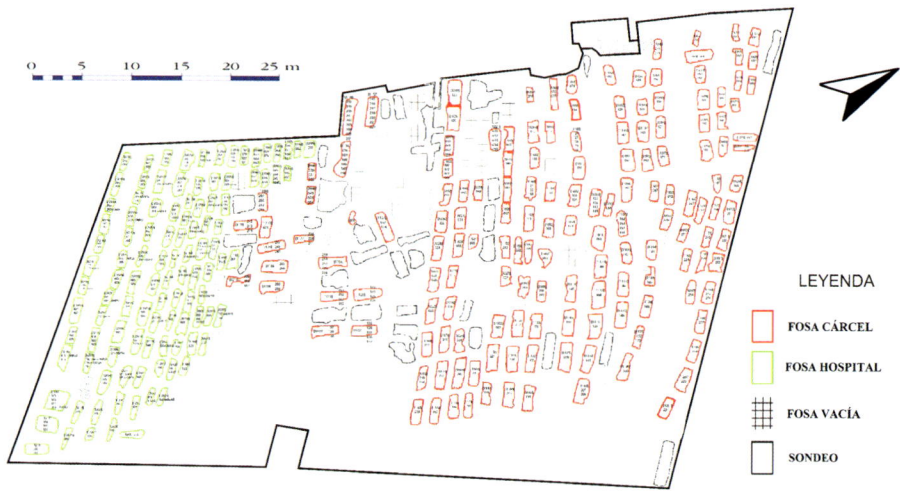

Plano general "la Tahona" marcando la diferencia
entre las zonas de hospital y cárcel

Plano general "la Tahona" distinguiendo los diferentes sectores documentados

Plano genera del "la Tahona" con la presencia de ataúd documentada

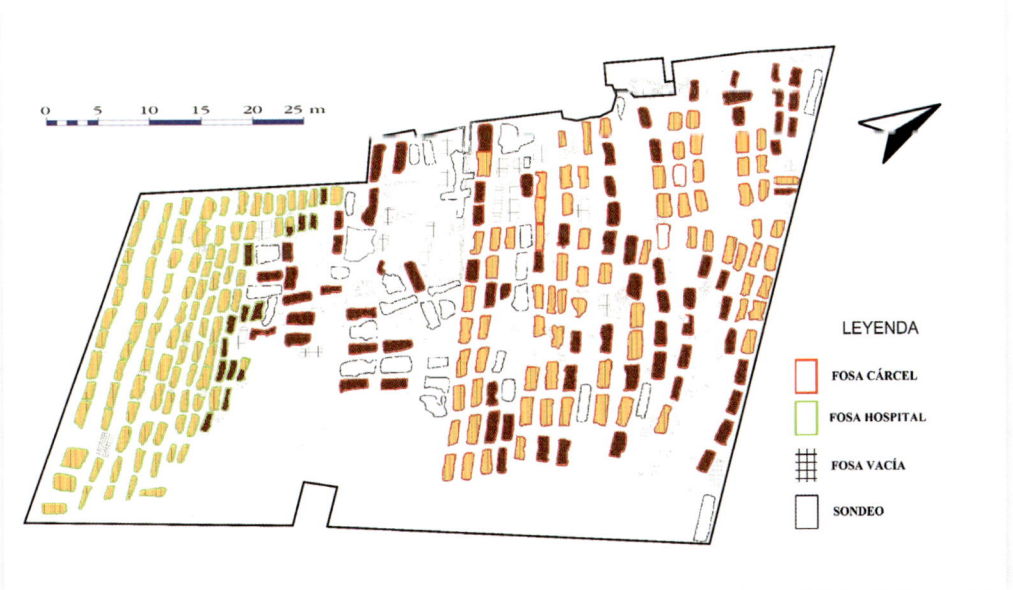